欲望资本主义 **3**

经典之三

超越虚伪的个人主义

欲 望 の 資 本 主 義

〔日〕丸山俊一　日本NHK"欲望资本主义"制作组◎著

袁志海　张　蠡◎译

浙江人民出版社

图书在版编目（CIP）数据

欲望资本主义 . 3 /（日）丸山俊一，日本 NHK "欲望资本主义"制作组著；袁志海，张蠡译. — 杭州：浙江人民出版社，2022.1

ISBN 978-7-213-10302-5

Ⅰ.①欲… Ⅱ.①丸… ②日… ③袁… ④张… Ⅲ.①资本主义经济 – 研究 Ⅳ.① F03

中国版本图书馆 CIP 数据核字（2021）第 196378 号

YOKUBO NO SHIHONSHUGI 3 by Shunichi Maruyama & NHK "YOKUBO NO SHIHONSHUGI" Seisakuhan

Copyright © 2019 NHK Enterprises, Inc.

All rights reserved.

Original Japanese edition published by TOYO KEIZAI INC.

Simplified Chinese translation copyright © 2021 by Zhejiang People's Publishing House

This Simplified Chinese edition published by arrangement with TOYO KEIZAI INC., Tokyo, through Bardon-Chinese Media Agency, Taipei

欲望资本主义 3

［日］丸山俊一　　日本 NHK "欲望资本主义"制作组 著　　袁志海　张　蠡 译

出版发行：浙江人民出版社（杭州市体育场路 347 号　邮编：310006）

市场部电话：（0571）85061682　85176516

责任编辑：潘海林　李　楠

营销编辑：陈雯怡　赵　娜　陈芊如

责任校对：戴文英

责任印务：刘彭年

封面设计：异一设计

电脑制版：北京尚艺空间文化传播有限公司

印　　刷：杭州丰源印刷有限公司

开　　本：880 毫米 ×1230 毫米　1/32　　印　　张：5.75

字　　数：95 千字

版　　次：2022 年 1 月第 1 版　　　　印　　次：2022 年 1 月第 1 次印刷

书　　号：ISBN 978-7-213-10302-5

定　　价：45.00 元

如发现印装质量问题，影响阅读，请与市场部联系调换。

前　言

GAFA、虚拟货币……何谓市场？
何谓资本主义？

数年前，日本NHK综合频道首次播放专题节目《欲望资本主义》。推出这档节目是一次用心的尝试，因其出乎预料，反响巨大，于是从第二年开始，NHK综合频道便将《欲望资本主义》作为新春例行的卫星放送特别节目进行多次播放。

后来，我们沿用了首播时的副标题《当规则将要改变时》，将第二期的副标题定为《黑暗力量觉醒之时》。这两期节目汇集了世界各国学者们的多元视角，再辅之以亚当·斯密为首的经济学、经济思想和社会思想领域的众多历史巨匠的真知灼见，试图寻找某种可能，来解读当代充满矛盾而又错综复杂的资本主义现状。

在第一期节目《欲望资本主义：当规则将要改变时》中，我们直接提出当代资本主义的现状，那就是虽然产生财富的理论发生了变化，而人们的欲望却毫无止境。接着便是基于亚当·斯密和凯恩斯的阐述，来解读其深层原因。在第二期节目《欲望资本主义：黑暗力量觉醒之时》里，则讲述了资本主义所致力的科技开发本应给全人类带来幸福，可现实情况却是贫富差距急剧扩大。针对这一问题，必须运用熊彼特和马克思等人的论述才能加以解读。接着，我们又从历史的角度横跨政治学、哲学等多元领域创作出了多部系列衍生节目，即《欲望的经济史》《欲望的民主主义》《欲望时代的哲学》《欲望哲学史》等。

本书主要收录的是第三期节目《欲望的资本主义：超越虚伪的个人主义》之内容。

当今资本主义世界，被称为"GAFA"的美国互联网四大巨头，已超越了国家和市场原理等所有界限，且其发展趋势令人担忧。除此之外，社会上还交织着人们对虚拟货币（加密货币）、区块链的期待与不安。制作本节目之目的就是想探讨资本主义的归宿、其根源上就存在的错误和扭曲、在今后的发展中我们该怎么办等问题。

"无法住手，没法停止""欲望滋生欲望的资本主义"

节目中多次重复的这两句旁白，象征着本系列的问题意识，那就是回归原点。当代的经济和社会现状面临着各种各样的问题，书店里也摆放着大量研究资本主义的书籍，书名都冠以"暴走""狂奔"等各式各样的形容词，而我们为什么把"欲望"定为关键词呢？

这是因为欲望才是驱动资本主义的力量之源，同时也是因为我们难以捕捉到其本来面目。我们常说"强求没有的东西"，欲望就是总追求"当前以外的某种东西"……它是霓虹灯，是虚拟的假象，是被放大的事物。

从"自己不了解自己"到"无法住手，没法停止"

当然，它有时也会是一种健康发展和积极向上的热情，是推动人类社会进步的动力。但是，人类的历史和当前的社会现状也证明，它是极其难以驾驭的东西。

而欲望不断加深的资本主义将向何处发展？今天，资本主义让阶层固化、社会割裂的现象不断扩大。在时代的滚滚洪流中，为了重新认识我们自己所生存的社会，我们不断尝试着始终以"欲望"为关键词，横跨多元领域来阐明并质疑现代社会。

本书从"当今，叫作资本主义的怪物信马由缰"这一论题开始讨论资本主义的欲望问题，其后又依次讨论了"暴走的犯人是新自由主义吗？""幕后演员 GAFA""隐藏在怪物深层的东西？""市场完全是为了自由吗？""国家和市场""充斥全世界的虚拟野心""周而复始的梦想""货币之爱的困境""巨人的悔恨""科学化市场的结局""合理性思考的反论""经济学之父眼中的人类"，共13个问题。试图从正面入手，探讨隐藏于现代资本主义中的种种矛盾、纠葛、困境、反论等。

文明之所以能得到发展是因为人类一直遵从市场的威力

这是本次节目开头所说的缘于哈耶克的话。市场本应是资本主义原动力的"主战场"，而这个"主战场"，却由于受到人们的意识以及所处的社会状况、文化、历史等影响而大为不同。一开始，市场被简单地定义为货币和物品交换的场所。因其简单，它才在时空中发生了巨大的变迁。即便到了现在，市场也还在不断生发出多种多样的意思。而当人们的"欲望"投射其中时，市场就像一个不可思议的三棱镜发生漫射，让其存在的意义因人而异。

如今这个时代，对"市场"及其所秉持的价值观，即"自由"和"个人主义"等概念，我们完全有必要进行重新追本溯源。"radical"这个词一般都理解为"激进的"，但它也有"根源"之意。在"激进的"同时又寻找"根源"的意义上，如何定义市场便成了重中之重。而且所谓的自由、个人主义这些概念也必须随着溯源的进行，重新回到其最初的含义。这就是我们加了"超越虚伪的个人主义"这个副标题之用意所在。

因科技的进步，市场既受惠于科技，也因科技的繁荣而被迫受其反控制，这就是当代所面对的颇具讽刺意味的争锋。技术的力量所带来的繁荣和被制约，互为现实的正反两面。如果再加上现代资本主义生产方式交织其间，事情就越发复杂，其破坏力也就越大。

在此，我们给大家奉上以下五位嘉宾的见地。

斯科特·加洛韦，一位与众不同的创业者，也是一名大学教授。他以独到的见解，言辞生动又犀利地阐述网络巨头GAFA的功与过。

查尔斯·霍斯金森，既是继比特币之后的虚拟货币ADA币的设计者，也是一位天才的数学家。他在诉说自己梦想的同时，认为虚拟货币会带给世界公平的竞争。

让·梯若尔，代表法国理性派的诺贝尔经济学奖得主，他通过细致完整的分析，扩展经济学的可能性，冷静地分析 GAFA、虚拟货币以及当今的资本主义。

尤瓦尔·诺亚·赫拉利，从《人类简史》起，他就一直站在文明论的角度解读历史。此次，他将从科学技术和资本主义的相容性角度，解读当代的危机和未来的走向。

马库斯·加布里埃尔，一位年轻的天才哲学家，他的"新实在论"，在日本曾掀起一股热潮。他将从解读社会制度的根本概念入手，抨击资本主义、民主主义的混乱和盲目。

大阪大学研究生院的安田洋祐副教授，是我们一开始就请来的节目顾问，他负责与梯若尔的对谈，除此以外的采访都是由我们节目制作组完成的。

在本期电视节目里，为了展示多元视角，嘉宾们的发言都是以片段形式呈现的。而在以节目为蓝本而衍生出的这本书里，我们希望读者能仔细体味每位嘉宾的言辞，发挥想象力，解读字里行间的深意，期待各位找到一个全新的视角来理解当代经济现象、世界和社会。

让我们启动智慧，一起开启探讨资本主义欲望的冒险之旅。

目　录

第 一 章

GAFA 让资本主义的规则变质

斯科特·加洛韦

（Scott Galloway）

创业者、纽约大学斯特恩商学院营销学教授

数字市场分析企业 CEO

著有《互联网四大》

曾针对互联网四大巨头的统治敲响了警钟

抨击 GAFA 的创业者加洛韦

不管承认与否，如果没有谷歌、苹果、脸书、亚马逊等庞大的互联网平台，我们的日常工作将寸步难行。由这四家公司的首字母构成的"GAFA"这个词也为大众所熟知。但加洛韦在其著作《互联网四大》中指出了问题所在，那就是这些拥有跨境能量的公司是如何捕获人们的"欲望"的，又是如何把它转化为商业行为的。

加洛韦虽然意识到自身所开展的商务活动从中受益匪浅，但又对其大肆批判。从他的言论中，让我们思考一下由科技主导的资本主义所面临的危机，这已经是当代无法回避的问题了。

1. 神、爱、消费和性

您的著作《互联网四大》已在 22 个国家出版发行，可以说是一本世界级的畅销书。您在书中指出："GAFA 改变了资本主义的规则""GAFA 被拆分是资本主义的必然结果"，同时也为过于巨大的 IT 企业的影响力敲响了警钟。

您在书的最后用了"四骑士"（原意指瘟疫、战争、饥荒、死亡）这个词来描述 GAFA，并指出它们是"令人毛骨悚然的权威之存在"，那您认为对大众来说，GAFA 是怎样一种存在？它们为什么能发展到今天这个地步。

我认为 GAFA 之所以能取得巨大成功，是因为它们分别抓住了人类本能中的几种基本欲望。谷歌抓住了人们想获得神之力量的渴求，脸书掌握了人们对爱的期待，亚马逊操纵了人们对消费的欲望，苹果则掌控了人们对性的需求。

远古人类从开始直立行走后，便一步步迈入危险丛生的世界，这期间，他们脑力得到了很大发展。大脑会提出非常复杂的问题，但脑的发展并不能充分回答所有的疑问。所以，在遇到难以解决的困难时，就会向神祈祷。

所谓的祈祷实际上就是"咨询"。人类在过去，当孩子生病之时会向神祈祷，问孩子是否能恢复健康。而在今天，我们往往会在谷歌的检索栏里输入"扁桃体、症状、治疗方法"。实际上这和祈祷行为并无二致。

我们发现，今天的谷歌能根据大数据信息，知道它的用户在考虑结婚，抑或他们动了离婚的念头，甚至连他们苦恼的原因都知道，于是就能准确回答他们的"询问"。比起神父、朋友、家人、上司，我们更信赖谷歌。所以说，谷歌就是神。

脸书利用了爱。没有爱，人类无法生存。比起在经济条件优越却缺乏爱的环境下成长的孩子，那些虽然贫困但成长在充满爱的环境下的孩子，反倒能更好地发挥出自己的能力。而爱是在人与人的关联中产生的。

脸书虽说不上做到了极致，但客观上它推动了人与人之间的这种关系，加强了我们彼此之间的联系。总之，脸书满足了我们对爱的欲望。

然后就是亚马逊如何满足人类消费需求的问题。我们人类自从离开了物产丰富的非洲以后，面临的最严峻问题就是饥饿。为了免于饥饿，便必须大量地贮存粮食。因此，我们人类的大脑里被烙上了"更多、更多"的欲望。我们总是受制于一种强迫性观念，那就是必须拥有更多的东西。于是就造成橱柜里、壁橱里不需要的东西泛滥成灾。但"不需要"这种理性的感觉却怎么也战胜不了"想要更多"的欲望。总而言之，就是人类对消费有一种贪得无厌的欲望。

为此，"提供众多的廉价商品"的商业战略非常奏效。世界上经济增长最显著的中国，就在生产大量的廉价商品。如果看各种商业组织，那么沃尔玛和优衣库的战略也是一样的。而以这种战略取得最大成功的则是亚马逊。可以说亚马逊完全满足了人们对消费的欲望。

而苹果是利用了对性的诉求。我们认为必须保证在异性眼中充满魅力，才能获得一个更优质的伴侣，这也是为了子孙后代具有更优良的基因。

当今，最能吸引异性的价值是"高收入、居住在大城市、拥有从事创造性工作的才能"。而向异性炫耀的最简便的方式就是拥有 iOS。拥有 iOS 就意味着有购买高达1300 美元的电话的经济实力。也就是说，苹果产品是掌控了人们希望邂逅更优质伴侣的渴求。

GAFA 这"四骑士"把人类的欲望解剖为神、爱、消费和性，作为赢利企业，把我们重新整合为一体。另外值得一提的是，如今 GAFA 的总市值已超过了德国的全年GDP。

2.GAFA 垄断市场，搞合法的不正当行为

在您的著作中，曾详细分析了 GAFA 的实际情况，并对其现状进行了严厉的批判。那您认为 GAFA 在什么方面存在问题呢？

当谷歌和脸书成立之初，我就像收到了一封情书，满怀欣喜地阅读着，甚至还买了它们的股票。在我的课堂上学习过的，纽约大学斯特恩商学院的学生们也有去那里就职的人，甚至我们还在一起工作过。

但是，当我花了 2 年时间，对 GAFA 的数据进行细致调查后，我才终于了解了这些企业，于是我的印象也随之发生了改变。我感觉我不是在看情书，我是在看一份警告。

我认为 GAFA 的发展过于迅猛。他们有若干成功的秘诀，我只指出其中的几个要点。他们获得成功是通过以下几个方式："高举崇高的理想""刺激人类的本能""无视法律""用资金碾压竞争对手"。

比如 GAFA 没有受到和其他企业同样要求的限制，也有一些收入没有被课税。在现代资本主义社会，因为不允许垄断市场的企业出现，所以在几十年乃至数百年间，制定了一定的准则约束企业。但是，现在这些准则正在被践踏。亚马逊等企业一边享有美国联邦政府和州政府的纳税优惠政策补助，而另一边却令其部分员工苦于过低的工资不得已接受生活低保。也就是说，世界上最富裕的人正一方面以很低的薪酬雇用员工，而另一方面为了享受补助和纳税优惠而四下奔走，获取利益。

一个企业发展到过于庞大并拥有过多影响力之时，一定会发生不端行为，逃税就是其中之一。近 10 年来，沃尔玛在美国缴纳了 640 亿美元的税，可是亚马逊只缴纳了 14 亿美元。由此可见，当企业发展的过于强大时，就会导致税制的逆向发展。由于巨大的 IT 企业享受税制优惠可以逃税，结果令还未取得巨大成功的小企业却要以更高的税率来纳税。这是有违资本主义和美国精神的。

虽然我们都说 GAFA 创造了很多就业机会，实际上它们也在破坏着就业市场。它们在提供少量的就业同时，却破坏了大量的就业。2018 年脸书和谷歌的共同收益从 230 亿美元增加到 250 亿美元。为了获得这样的增收，需要雇佣 2.8 万人。没错，这些人从事的都是高薪的工作。

　　但是，从整个世界范围来看，新闻传媒和广告等媒体商务却没有增长，准确说是增长率停滞。电通、IPG、WPP 等业界大型企业要想获得 250 亿美元的收益，约需要雇佣 25 万员工。这是因为这些企业的工作效率没有脸书和谷歌那么高。

　　也即是说，脸书和谷歌通过雇佣 2.8 万人挣得 250 亿美元收入的同时，也导致媒体商务增长停滞，其结果是失去了本应该创造出的 25 万个就业机会。这就等同着破坏了就业市场。雇佣 2.8 万人，而 5 个容纳 5 万人的演播大厅里，设计总监、代理策划、广告撰稿人却岌岌可危，这就相当于脸书和谷歌同时下达了这 25 万人的解雇通知。

　　因此，GAFA，还有其他的所谓革新者都一样，都不是就业机会的创造者，都在破坏就业市场。

3. 没有创新的时代

是不是可以说 GAFA 在某些方面阻碍了新兴企业的成长？

其实，任何一位创业者都有成为 GAFA 的可能。但是，对当今的创业者来说，最大的困难就是资金的筹措问题。这是因为当你想开展电商、搜索引擎、社交媒体或电脑硬件等商务活动时，投资者往往都会认为再怎么做也"竞争不过 GAFA"。都说 GAFA 是非凡的、创新的。我认为那是因为人们不知道：如果没有 GAFA，可能会诞生更为革新性的企业和服务。就因为筹措不到资金，很多革新性的企业都半途夭折。

大多数人以为我们生活在一个创新的时代，其实不然，实际上我们正生活在一个没有创新的时代。最近 40年，每天诞生的新科技成果已经减少了一半。在美国，20世纪 70 年代倒是比今天诞生了更多的科技成果。经济增长最快的领域出现了垄断企业，这正在阻碍着创新。如此一来，必然导致小企业无法成长。

您说 GAFA 是因为抓住了人类的本能所以获取了成功，那人类也会由此发生改变吗？

GAFA 在缺少制衡机制的状态下，已拥有无比巨大的影响力，而且其影响力还在不断增大，这都是资本主义即将崩溃的先兆。不管是日本、欧洲也好，还是美国也罢，我们不再尊敬那些人品好、善良的人，我们所推崇的是 IT 大佬。孙正义、马克·扎克伯格、杰夫·贝索斯才是当今的英雄。

我认为，当今的美国已出现一种新宗教。国家越富裕，接受高等教育的人越多，去教会的人就越少，也就是说不再理会耶稣基督。但是，我们需要取而代之的英雄填补心灵的空白，于是 IT 大佬就成了英雄。也好像说，创新取代了宗教，苹果等公司取代了教会，史蒂夫·乔布斯等人成了我们新的基督。如在苹果产品的发布会上，乔布斯的遗像投影到大屏幕上，宛如把他奉为基督一般。

在我们当今的社会，蔓延着一种风气，那就是不再以人格，而是以财富来评判一个人的成功与否。

那您认为 GAFA 追求的终极目标是什么？是利润吗？

当然是利润了。资本主义社会的重要组成部分就是企业，企业建立的目的就是获取利润。企业不关心老龄人群的贫困问题和人们内心的平安，也不会向垂死之人伸出援手。不会想去探索火星，因为这不是企业的职责。企业的目的就是提升利润。人们在企业工作就是为了自己和家人有稳定的经济来源。企业有时也会打出拯救人类的崇高目标，那只是为了提升企业形象而已。让企业拥有崇高的目标，简直就是幻想。不单单是 GAFA，提升股东手中投资的价值也是所有企业的目标之一。

4. 应该拆分庞大的垄断企业

您认为应该限制 GAFA 吗？

在日本、美国和欧洲都有值得自豪的历史，那就是当企业过于庞大时，政府就会出手干预，进行拆分。但现如今，由于对革新者和 IT 大佬的盲目崇拜，从前用于监管和限制巨型企业的标准无法用于限制以 GAFA 为首的诸多企业。

现在虽稍稍有所降低，但谷歌早在 2014 年便垄断了"搜索"行业 93% 的份额。要是丰田占据 93% 的日本汽车销售市场份额的话，估计一定会被拆分成小企业。但是，GAFA 没有受到任何限制地成长起来，结果就对社会有了强大的影响力，为经济带来恶劣影响。这些巨型 IT 企业让那些刚创立的小企业倒闭，也让那些在纳税和提供就业方面为社会做出贡献的大企业陷于破产的危机之中。

我认为 GAFA 已过于庞大。目前的状况是，在搜索引擎、社交媒体、电商领域，世界市场都已经被一个企业完全垄断着。

解决方法很简单，就是拆分成小公司。对资本主义来说，最重要的存续方式就是竞争。一家企业影响力过大，竞争就会受到阻碍。

我并不认为 GAFA 垄断就不好。它们合理避税，但任何企业也都在这么做。它们破坏了就业，但有时也需要破坏就业的人。问题就在于太过于庞大，影响力过剩。

拆分可行吗？

我们有过类似的经历。20 世纪 80 年代的美国，"贝尔大妈"（美国最大电话电信公司 AT&T 的绰号）曾占据了长话通信的 80% 的市场，后来按照司法部的命令，被拆分为八九个公司。同样，美孚石油公司被拆分为 34 家公司；铁路公司也进行了同样的操作。而拆分了垄断市场的这些庞大企业后，经济不仅没有遭受打击，反而还带来了巨大的经济增长。因拆分了"贝尔大妈"，光纤通信、手机、数据通信技术才得以诞生于世。而在此之前，"贝尔大妈"为了垄断市场，将这些革新性技术都锁在了研究室里。

根据这样的经验，我认为拆分 GAFA 四家庞大的企

斯科特·加洛韦正举着手机讨论 GAFA 为何会如此强大

业，对经济社会的发展都是有益无害的。脸书之所以被当作攻击他人的武器，就是因为脸书在对策方面不作为，没有对广告商和发布内容进行监管和清除。试想，如果把脸书拆分成 Facebook、WhatsApp、Messenger、Instagram 四家企业的话，在不久的将来，一定会有其中一家企业为了在竞争中胜出，主动提出"我们要切实删除令人讨厌的内容"，并"从平台上清除恶意评价，坚决杜绝网络攻击"。如果把谷歌和 Youtube 拆分开的话，Youtube 便可以进军搜索引擎商务领域，就会打破谷歌垄断市场占有率的现状。总之，解决的策略就是竞争。这就是资本主义存续的解决之道。

您认为这能实现吗？

可以实现的。不是有很多人在主张：GAFA 真是过于庞大了，影响力太过剩了；我们需要网络效果，即用户越增加，服务和产品的价值就越高；这是我们自己居住的世界，世界要进步……而且我们也有可借鉴的经验，如将非常强大的铁路公司拆分了，而且强大的"贝尔大妈"、美孚公司也是如此。我们有令我们骄傲的历史，那就是发挥垄断禁止法的威力，打破市场垄断。

5. 恢复公平原则和竞争

人们为什么如此醉心于赚钱？今天唯金钱论的情况今后还会继续吗？您是怎么看待人与金钱的关系的？

按照资本主义的经济逻辑，越有钱就越能获得更健康的生活方式，精神压力也会减轻许多。除此外，伴侣的选择范围也会大幅拓宽，孩子也能受到良好的教育，从而提高未来的成功概率。为此，大家都渴望高收入。当然也因此带来不少好的影响，进而培养了人们的进取心。竞争真是个美妙的东西。

由此可见，如果想公平，关键就在于投资未来。建设优质学校，让穷苦人有一个安全网。我们必须以长远的眼光切切实实地投资未来。还有一个关键就是认真思考一下谁堪当社会英雄。

有人指出您这种想法偏社会主义，对此您怎么看？

我是住在纽约曼哈顿的一位居民，在投票选举美国第45 届总统时，曼哈顿 80% 的选票都投给了希拉里·克林顿。在总统大选时，我也把票投给了希拉里·克林顿。看到她没能当选第 45 届美国总统，我很受打击。

总统大选之后，我想应该更多地去了解人们的想法，于是我便去了红色之州（支持共和党的州），走访了最保守的电视台福克斯新闻台。那时我就主张要拆分 GAFA。听到我主张的人立刻开始称呼我为社会主义者。

但是，这是一种误解。我不是一个社会主义者。对于资本主义来说，最为重要的是要有限制和法律秩序，既然市民每获得 1 美元收入就有 23 美分缴纳给了政府，那么就该要求政府为了市民的利益，以长远的眼光做出判断。

如果想从长远眼光来考虑资本主义如何才能健全发展的话，保证公平竞争就是至关重要的。我们今天的社会应该有宽容的精神，允许公司之间以公平的原则竞争。规模庞大的 IT 企业也必须平等纳税，巨型 IT 企业也必须受到与其他企业同等规则的限制。这样，才有让小公司也能生存下去的公平的市场。

有人说："民主主义实际上并不好，但是其他制度还不如民主制度。"在这里，"民主主义"被解释为是尊重自由的体制，我认为，换成"资本主义"也一样。资本主义也有很多负面的东西。如当今的社会正朝着某种独裁体制发展，这有悖于真正的资本主义。少数人和少数企业拥有过剩的影响力，这就根本不是资本主义。

资本主义不可少的是宽容精神和市民的责任感，政府提供公平的市场，让企业履行责任，这才是真正的资本主义，是最优的体制。

我使用着 GAFA 提供的所有服务，也持有它们的股票，甚至我还推荐学生买股票，去 GAFA 就职。我对学生说，有优秀的产品就买，有好的服务就享用，有优质的股票就购入，能去 GAFA 的任何一家公司就职都很棒。但也并不是说就不能选择那个主张让 GAFA 的领军人物和其他企业遵守相同规则的人做总统。应该让 GAFA 也合理纳税，过于庞大时就应该拆分。

虽然我本人拥护资本主义，但我认为必须时常关注社会的走向。我们当今的社会"科技独裁"之风猖獗，各种丑态已经惨不忍睹。我持有亚马逊的股票，但是我要把票投给主张干预 GAFA、进行拆分的人。如果亚马逊被拆分，股价的时价总额要比现在的亚马逊大很多吧。

您认为资本主义制度能带给人们幸福吗？

彼得·德鲁克（1909—2005）这位被誉为"经营学之父"和"管理学权威"的奥地利经营学家曾说："经济的目的就是要打造中产阶级。"我也持这种观点。日本、美国和欧洲的中产阶级都是历史上的良善之源。中产阶级的人们支付医疗保险，一方面彻底消灭了小儿麻痹，另一方面也确保老龄人群的生活。

GAFA 等巨型 IT 企业确实让中产阶级受惠。但是，如果比较一下巨型 IT 企业的收益增长率和中产阶级薪金的增长率，就会发现两者处于反比例关系。巨型 IT 企业的价值在日益提升，而中产阶级的薪金却处于停滞甚至是下降的趋势。这正是要点所在。

因此，政策很必要。必须要制定政策，能让良善之源的中产阶级继续有事可做、有钱可赚。

我认为资本主义和利己主义都是非常强大的体系。金钱是重中之重，经济稳定是其至高无上的目标。经济稳定，家庭就能更幸福。但是，实际上幸福和财富无关，这一点也至关重要。不管多么富裕，都和幸福无关。人即使获得了足够满足生活的金钱，还是会容易落入贪心不足的陷阱。因为钱能买到很多精美绝伦的东西。比如住在纽约，不仅费用不菲，而且还时常会有让人梦寐以求的东西，最终结果就是令人贪得无厌。

人追逐金钱，就如同在转筒里持续飞跑的老鼠，只关注自己的收入。但是，很多有关幸福的研究显示，人不会因物质而幸福，能让人感到幸福的是体验。我们不能只是驾驶日本丰田汽车，我们更应该去日本东京旅行。

但是，在资本主义社会，这已经很难实现。如今的状况是，为了上大学，孩子们只能债台高筑，所以年轻一代眼里唯有金钱。即便是已经获得了经济稳定，还是会一路狂奔下去。

6. 当今社会，1% 的人差使 99% 的人

让我们再回到 GAFA 的话题，您认为美国社会因 GAFA 的出现，发生了什么样的变化？

我认为今天的美国有点儿迷失方向。想起来，当年我们曾经的目标是孕育为数众多的百万富翁。即一个良善的市民如果拼命工作，遵守规则，一辈子就能攒下 100 万美元，从而获得经济稳定度过余生。但是，现在由于巨型 IT 企业的出现以及主推它的政策，美国的目标不再是孕育百万富翁，而是扶植少数亿万富豪了。胜出的一人过着纸醉金迷的生活，而其他人都惨不忍睹地死去。现在大家都盲目自信地以为自己的儿子就是下一个乔布斯，完全陷入一个奇妙的"彩票经济"怪圈。

对那些相信自己的孩子会成为下一个乔布斯的人，我会这么告诉他："最好不要期待自己的孩子成为乔布斯。相反，我们必须保证让其他 99% 的人能保持一定的生活水准。"

资本主义，也就是我们的社会正变得让人生活越来越艰难。我们大部分人都成了微不足道般的存在。正如亚伯拉罕·林肯所说，曾经的美国珍爱平凡的人。而现如今，人们已不再珍爱属于中产阶级的平凡之人了。我们推崇非凡之人做新的英雄，即反过来认为其他的人都微不足道。但是，放眼现实，多数人都不是非凡之人。尽管如此，我们还是在打造着胜者通吃的经济。

难道这是我们所期望的吗？拥有众多百万富翁的社会和拥有一个亿万富翁而其他人都十分贫困的社会，哪一个更好呢？

本来就应该优待中小企业，为它们成长为大企业创造机会。然而，在美国却发生了不一样的状况，就如同在对一个中彩票的人说"恭喜恭喜，再把彩票金额翻翻吧"。美国正在朝着3.5亿的奴仆服务于300万主子的社会突飞猛进地发展。

美国所倡导的"自由"，现在是什么情况呢？

我们拥有最基本的自由可以包括：崇拜仰慕之人的自由、爱自己所爱的人的自由，在不侵犯他人权利的前提下，随心所欲的自由、经济的自由，遵守规则、拼命工作、增加资产的自由等。从某种意义上来说，美国还保有很多自由。

但是，问题是在资本主义体系及经济自由的前提下，获取报酬、增加资产已成为一场游戏。在这场游戏中到处横行着假仁假义的规则，无处不存在着很大的偏见和不公。今天，这一切已经变成了有利于那些生于富裕家庭、有幸接受顶级教育之人的游戏。

美国存在着以教育为名的"种姓制度"。毕业于一流大学的人们大获成功，而且随着年龄的增加，比那些没有接受大学教育的人，就越能获得更高的收入。

美国虽然还保留着相当程度的自由，但众多人的经济自由受到了侵犯。在美国，甚至还有很多人缺少医疗费，无法上医院治病。总之，当今美国的经济自由已经不比从前。

美国从二战结束到谷歌出现为止的这段时间内，还是维持了比较平等的经济状况。随后，收入的不平等成为一种压迫。生长于贫困家庭的孩子，只有10%的人能上大学。而富裕家庭孩子的大学升学率达到80%。贫困家庭的孩子比不上富裕家庭的孩子自由，也缺乏机遇。

在资本主义社会，出现胜出者和失败者是常有的事儿，所以产生某种程度的差别也是在所难免的。但是，如果胜出者是 1% 而失败者是 99% 的话就另当别论了。这真是人们所期望的吗？还是期望更为平衡的状态。自由是个大而复杂的问题。

7. 未来指向战争、饥饿、革命

您刚才指出"美国正在朝着 3.5 亿奴仆服务于 300 万主子的社会突飞猛进地发展",那未来会如何呢?

英国的历史学家约翰·阿克顿说过一句名言"权力导致腐败"。无论是组织还是企业,如果有一个发展过于强大,最终注定会反过来控制政府。这一点切勿忘记。企业家不是通过选举选出的领导。广大群众的眼睛是雪亮的,在美国和日本这样的自由社会中,通过选举,选出的人是民意的代言人。而企业家们只会为少数股东代言。

一般来说,私企如果成长为垄断型企业,便会对市场经济拥有强大的支配力,继而市场就会陷入危险境地。因为垄断企业如果能强势地影响政府的话,那政府就不会再以长远的眼光做出决策,不再考虑国家的未来。因此绝对权力必然会导致绝对的腐败。私企发展的过于庞大乃至影响经济大局,为少数人所控制的话,这就会成为一个极大的隐患。

超过一定限度的收入不平等必然会导致社会的不稳定。回顾历史，我们会发现，极端的收入不平等注定是要被自我修正的，这也是件好事。但是，对极度收入不平等的修正往往是通过战争或革命来完成的。这就是极度收入不平等的自我修正机制，而战争与革命两者都是我们要极力避免的。

可是，当今的世界经济发展趋势是在刺激这两种机制之一启动。在美国，我认为已经在我们看不见的地方悄然发生革命。极少数的人垄断了巨额的财富，得不到财富的人在发出"发自内心深处的吼叫"。吼叫的结果就是把一位独裁式的人物选为总统。我认为实际上革命在美国已经开始了。欧洲也如出一辙，在朝着十分危险的方向发展。

8. 通过向企业征收录用费，来实现大学免费

您评论说唐纳德·特朗普总统是感应"发自内心深处的吼叫"而当选的总统，您如何评价他？

我认为美国的盟国都无法理解美国的所作所为。美国最重要的盟友是欧洲和日本，可是由于美国所释放出的信息缺乏一贯性，导致和盟国之间的关系在脆弱化。美国已经决定要构建一个不受外国影响的封闭性社会。而且"客观真相"已经不再有意义。

我对目前的状况忧心忡忡。结盟曾令世界和平、让世界的收入增加，进而减少了世界的饥荒。这是美国和欧洲、亚洲之间建立起良好合作关系的成果。但是现在，我很担心，这种合作关系正被置于危险境地之中。

我不支持特朗普。请不要忘记一个事实，那就是比起特朗普，其实给希拉里投票的绝对人数可能更多。

那对 GAFA 有什么要求呢？

GAFA 可以推进各种对社会有强烈影响的行动。比如，如果亚马逊把第二总部设置在底特律的话，就能搞活那一地区的经济。但是，十分遗憾的是，以 GAFA 为代表的巨型 IT 企业只考虑股东的利益，而对大众和社会的利益都漠不关心。事实上，亚马逊已经决定把第二和第三总部设在华盛顿近郊和纽约。这不仅扩大了顶层的 1% 和其他 99% 的人之间的经济差距，还加大了美国经济富裕城市和其他城市之间的差距。美国共有 450 座大型城市，其中有 5 座大型城市担负着 25% 的经济增长，其中就包括华盛顿和纽约两座城市。纽约人不需要亚马逊总部，可是亚马逊却来到纽约，让其更为富庶。这就是赢者通吃的社会格局。

我向 GAFA 等企业建议创办大学。现如今，美国企业的收益创历史新高，而学生的负债数额也是有史以来最高的。我们必须把负债从学生身上转移到企业头上。大学的学费免费，而向录用了毕业生的企业收取"录用费"来填补免去的学费，我认为建立起这样的制度会比较有效。也就是翻转现有模式。这对 GAFA 来说也是件很容易的事儿。

9. 日本应该选出能让 GAFA 合理纳税的领袖

最后一个问题。GAFA 也对日本社会有很大的影响。不只是日本，美国以外的其他国家亦然。面对这样的情况，该怎么应对好呢？

在美国，我们都在享受着巨型 IT 企业带来的各种好处。虽然存在很大的负面影响，比如破坏就业、逃税、反竞争性行为、社交网络服务的政治利用等。但也有很多积极影响，巨型 IT 企业提供了很多就业机会，孵化出很多小企业，而且它们也是美国骄傲自豪的资本。今天世界上很多有才能的人都选择移民美国，这是美国竞争力的源泉。

而日本就没法享受到巨型 IT 企业所带来的好处。对日本来说，只有负面效应。日本的大学、医院基本没有谷歌、脸书这些亿万富豪的冠名设施，所以日本的政治家需要好好探讨一下，巨型 IT 企业是否能真正给日本带来利益。要让那些企业合理纳税，创造日本企业能公平竞争的环境。

中国实施的战略耐人寻味。现在中国引导巨型 IT 企业投资中国，然后模仿其技术方式并创建类似的公司。欧洲人总认为引入投资并不能发展本国经济，但谁愚谁智今天已然分晓。我以为在不久的将来，欧洲和拉美小国也会效法中国的做法，引入新技术让自己的国内产业更快发展。同时建立自己的搜索引擎和社交媒体公司来确保本国利益。

我奉劝日本要选那些主张采取措施，让巨型 IT 企业给日本社会带来真正利益的人做议员。英国已经做出了要按照巨型 IT 企业的总收益来纳税的决定。谷歌尽管每年在英国的利润高达 70 亿英镑，但由于选择了正确的避税方式，申报的利润只有 5 万英镑。为此，英国决定要按总收益来收税。日本也需要制定这样的对策。

第 二 章

能为世界贫困阶层提供金融服务的虚拟货币

查尔斯·霍斯金森
（Charles Hoskinson）
虚拟货币的开发人
IOHK 的首席执行官
虚拟货币以太坊的联合创始人
也是三种虚拟货币的共同创始人

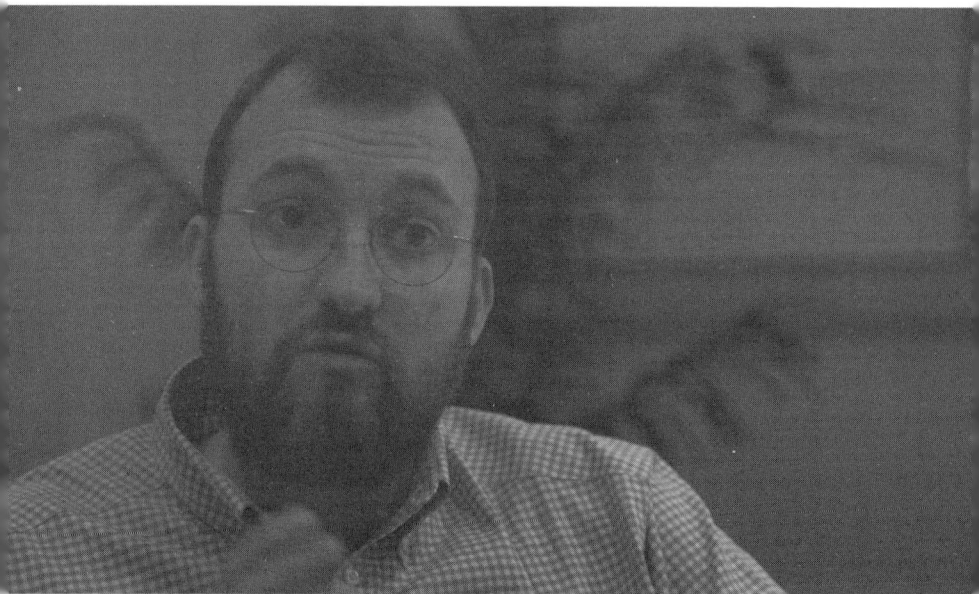

开发虚拟货币的数学家霍斯金森

查尔斯·霍斯金森被誉为天才数学家。这是因为他年仅 26 岁时就开发出了继比特币之后备受关注的虚拟货币以太坊，随后在很短时间内便让其风靡全世界。他也担任着位于中国香港的区块链研究机构的首席执行官，正在开发的平台卡尔达诺和其主要货币艾达币等备受瞩目。

通过虚拟货币，整个世界都可以作为同一个市场连成一体，可以实现迄今为止未能如愿的纯粹资本主义，在世界范围实现公平的交易。

这就是查尔斯·霍斯金森眼中的未来，下面让我们听听他对于资本主义愿景的描述。

1. 任何人都可以进入一个共同市场的技术

由于比特币的普及，人们对区块链的关注度日益高涨。霍斯金森先生，您开发了以太坊和卡尔达诺，也在致力于区块链技术的普及。那首先请您谈谈比特币给世界带来怎样的影响。

比特币在全世界范围内掀起了转换思维的风潮，可以说这是一项划时代的新发明。它在金钱、商务模式及其两者的关联性方面，激发了人们的创造力，产生出各种创意，进而引发了人们的热议。人们都在议论把全球市场整合为一个市场，让全世界 70 亿人在公平的条件下开展经济活动的方法。

比特币从出现第一个用户开始，仅仅 9 年时间就在全世界获得了 2400 万用户。最近我去了趟蒙古国，那里的300 万人口中有 30% 都是游牧民，但竟然有 5000 人的组织在专门从事区块链的计算工作，我大为震惊。

在日本，有一种把比特币当作博彩和赌博来看的倾向。

比特币是一种全新的货币。当我们第一次接触一种以前从未有过的新事物时，往往只关注其一个方面，这也是在所难免的。特别是像比特币这样，仅仅一年时间，其价值就从2000美元暴涨到2万美元，然后又下跌到6000美元。当人们看到这样一个大起大落的市场时，就会只关注这一点，误以为比特币只是一个用于投资的存在，必然会产生输赢两方。

但是，比特币或者说虚拟货币真正不同凡响之处在于它是一种手段，让拥有不同能力、创意、知识和技能的人以自己的资源在全球市场上进行平等的博弈。

比如，一个人拥有农田、专利或小生意资源，这个拥有资源的人要想把生意做大就一定需要资金。虚拟货币的亮点就在于可以把农田、专利等自己所拥有的东西货币化（虚拟货币的一种，个人或法人以众筹的目的发行的个人货币）并带入全球市场。而如果能做到货币化并带入全球市场，就有可能从那些对你的资源感兴趣并对前景看好的投资家那里获得投资。

这就是我们这个行业的非同寻常之处。现在全世界有

30 亿人既没有信用卡，也没有加入保险，他们这些人获取资金无门，因此便没办法扩大自己的业务。但是，虚拟货币就可以使这些人走上全球市场这个赛台。在人类历史上，首次实现了任何一个人都可以进入和比尔·盖茨、杰夫·贝索斯同一个市场的愿望。

2. 了解蒙娜丽莎的价格

您也知道现在市面上充斥着种类繁多的虚拟货币和代币吗？它们的数量达 1000 多种。您认为将来它们会被淘汰，减少到五六种吗？

虚拟货币的优势就在于它是达尔文式的，换句话说就是虚拟货币和代币所处的环境是适者生存。只有最强大的东西、最优秀的创意、最具竞争优势的东西才能在这个市场上生存、繁荣。因此，只是一味模仿比特币这种先行虚拟货币的复制性货币，在市场上是难有生存空间的。

话虽如此，但代币将来会增加到几千、几万甚至几十万种。虽然这些代币都与比特币大同小异，但它们有的代表财产，有的代表金、银等资产，还有的代表知识产权等无形资产。

甚至会用于人们从未想到过要定个价的东西。我举个例子，大家来做个思想实验。假如说你是罗浮宫的馆员，委托你办一件世界上最棘手的差事，即给无价之宝定价。面对《蒙娜丽莎》画像，嘴里说着"无价之宝"，可是却必须要给《蒙娜丽莎》买保险证券。到底该付多少钱呢？定什么价呢？真是无从想象。

但是，如果能把《蒙娜丽莎》的保险证券作为代币处理的话，就另当别论了。因为这就会诞生出一个市场，能预测《蒙娜丽莎》《米洛斯的维纳斯》《自由引导人民》等艺术品价值的市场。

摩天大楼也一样。眺望着东京的那些摩天大楼，你会想那座大楼值多少钱啊？肯定是没有准确数字的。但是，如果把它代币化之后，市场就能为我们预测其价值。

代币就是体现某种价值的东西。其对象可以是，比如一个约定、一个人、资产、土地，或者是无形的某种独特的创意或概念等。把这些东西代币化之后再投入市场，就可以知道各自的真正价值。

因此，我认为最终会出现几万种代币，在市场上如果它们的价值得不到认可就会消失，价值得到认可就会幸存。今后这种无可比拟的创新和流动性还会继续上演。

如果弗里德里希·哈耶克还活在我们今天这个时代，您认为他会怎样评价比特币呢？

我认为他会很高兴。他一定会写出很多论文，当然肯定也包括批判性的论文。

我非常尊敬哈耶克。但是，哈耶克所活跃的20世纪中叶与我们现在的世界大相径庭。比如，那个时候的美国就像个货币政策和金融政策的实验基地，几乎犯了所能想到的所有错误。哈耶克出生前的19世纪下半叶，诸多小银行共发行了数百种之多的民间货币，其中有很多是昙花一现，使众多人蒙受了损失。在1907年的金融危机时，很多银行破产，纽约证券交易所的股价从上一年度的最高值暴跌50%，于是发生了20世纪20年代的长期通货紧缩和1929年的世界经济危机。那之后又发生了各种经济现象，且每次都会产生新的经济学派，诞生新的经济学家团体，主张"今后要以截然不同的方式发展"。而且，各国政府和央行时不时会以国际性合作方式，采取一些金融、财政政策来调控市场。这种自上而下的方式从某种意义来说，确实令经济发展的理论建立登峰造极。可就在此时，却发生了2008年世界金融危机。

3. 没有国家干预的公平竞争的时代

比特币的未来发展方向和 100 年来的金融、财政政策同步，同时也截然相反。也就是说，比特币的出现，让我们可以再次进行 19 世纪、20 世纪所做的那种经济实验。如果能够不打破国家性经济组织而获得研究机会，能够不依赖央行来进行的话，人们肯定会乐于其中，也就是成为虚拟货币的用户。

总之，一个能在没有国家干预的环境下展开竞争的时代已然来临了。而且，我们不再以国家为基准来考虑金钱。

现今，人们测算东西或服务的价值，日本用日元，美国用美元，欧洲用欧元。但是今后，取而代之，人们会以资产价值来考虑。货币、金、银、商品、土地、劳动力、知识产权、航空公司的飞行里程……凡是有价值的东西皆可作为计量单位。所有这些东西今后都会放入世界共通的钱包里，这样的时代即将到来。去星巴克、Bic Camera、麦当劳等消费，都可以使用代币，即以自己喜欢的方式付账。这不正是哈耶克所梦想的世界吗。

您说虚拟货币会改变贫困阶层人们的生活。能详细谈谈理由吗？

首先，让我们来思考下造成贫困的原因。没有文化、地区纷争导致成为难民、政府腐败、因为没有能自由参与的市场……造成贫困的原因很多。当然，也可能是由于懒惰、与生俱来的不利条件等个人原因造成的。

我想说的是，全世界正有数亿人挣扎在贫困线上，他们可能居住在天然资源丰富的地区、也可能有丰富的土地和生产力、抑或拥有卓越的创意，总之拥有不输于美国人、日本人、欧洲人的世界水平的竞争力和聪明才智，但是却没法参与到能发挥他们竞争力的市场中来。换句话说，全世界由这些人群所拥有的，还未进入市场的闲置价值可以换算成数以万亿计的美元。而这也并不是我第一个意识到的。

虚拟货币和代币就是利用数字技术，为这些人提供能够参与市场竞争的机会。在这里不会受制于腐败的政府和邻里。当某人考虑"我想种田，需要贷款 200 美元""在季风到来时为了不至于彻底破产，想买保险证券""我想扩大生意，需要投资"等问题时，如果能通过实施这些想法获取利益，那就把所想的事业代币化，就有可能汇集到资本得到实施的机会。这既不是同情也不是施舍，因为代币真实地反映了其所要从事事业的收益，所以只要按照冷酷无情的资本主义原则就能获取机会。

当然，代币不能解决那些因为懒惰或天生不利因素等个人原因造成的贫困问题。但是，代币是可以解救那些因各种原因不能参与到保证自由竞争的市场中的人们，而且能唤醒那些闲置的财富。我一直认为这真是一个伟大的发明创造。

当然，等待他们的将会是残酷的竞争，但机会至少已放到他们面前。人类历史上首次让地球上的任何人都可以在公平的市场上展开竞争。

4.GAFA 成了必不可少的中介

您认为虚拟货币和代币等造就出的区块链将来会对 GAFA 等的经济圈带来什么样的影响？

在考虑区块链会给 GAFA 造成什么影响之前，我想阐明一下 GAFA 是什么以及其真实情况。

自从 2000 年以后，互联网相关企业开始在互联网泡沫中迅速崛起，于是出现了谷歌、脸书等新型企业。谷歌、脸书并不是生产商品进行销售，它们提供的大部分服务都是"免费"的。他们是连接消费者和供应商的"中介"，构建了连接双方的基础设施。

这个过程大大丰富了我们的人生。以让我们能和以前不可想象的人们产生关联，让我们能获取以前以为找不到的信息，让供应商以远远超乎他们想象的规模销售商品。

但是，GAFA 越来越庞大，其负面效应也越来越明显。

GAFA 等企业在各自的领域里基本垄断了市场。这样

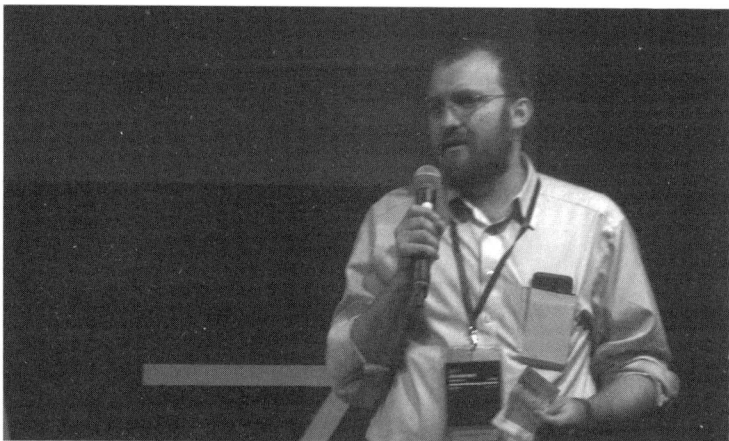

查尔斯·霍斯金森畅谈代币的未来

造成的状况是，如果不使用庞大垄断企业提供的基础设施，就无法享受搜索、网购、社会网络服务等服务。总之，连接消费者和供应商、人和人的中介成了"必不可少的中介"。

中介本不应该是必不可少的存在。中介如果要给社会带来利益，就应该是有价值的中介。中介加入交易，应该能让交易质量更上乘，让消费者和供应商双方都受益。

比如，当你在旅行地想找到合适的景点时，不用查找应该去哪儿，那儿有什么值得一看的问题。你只需雇一个导游，导游就能给你的旅行带来附加值，这是你所希望的和导游之间的关系。导游也通过带你游览而获取利益。

　　但是，如果雇佣导游成了去那个景点的唯一方法，这事儿就另当别论了。我们如今所生活的世界正是这样一个世界。如果我们想要不期而遇的邂逅或阔别重逢，那最好的方法就是建一个脸书的账号，如果想轻松地搜索信息，那方法也仅限于谷歌。

　　还有一个问题，我们使用 GAFA 等提供的"免费"服务，而与此作为交换的，是在不知不觉间被抢走很多东西，这就是所有的个人信息。从年龄、性别、学历到兴趣爱好、交友、购物倾向等都包括在内。我们误以为是免费的服务，实际上人人都成了"商品"。脸书兜售这些商品，谷歌、亚马逊亦然，其他的各种服务也是如此。我们以出卖自己的一部分灵魂为代价，来换取丰富多彩的人生和便利的生活。

　　而且更大的问题是，在这个过程中，那些企业的影响力已变得举足轻重，甚至可以说形成了中央集权式的体系。庞大的企业成了不可或缺的中介，他们把收集到的用户信息用于大数据，深深地影响着我们的思考、行动、商务、就业等方面。他们在掌控着我们。

5. 区块链里暗含着消灭 GAFA 的可能性

近些年来，人们终于开始理解区块链这种建构。而且开始意识到自己失去的东西远比自己获得的要多。以前，很多消费者对自己的个人信息、隐私等漠不关心。然而，当全世界开始认识到 GAFA 等企业在垄断着大数据这个问题时，消费者们也开始介意某些企业背着自己私用个人信息。开始意识到，自己的个人信息不经自己同意，就被交换和买卖是一件不正常的事儿。开始明白购物履历和社交媒体上的人际关系等个人信息，应该自己才有转让和赋予他人使用的权限。对此种权利加以保护的问题，已经在全世界范围内展开着讨论。

既要保证人们的生活丰富多彩，又不想出卖灵魂。为此，我们就有了新的想法。那就是要有寻求接洽的需求和供给，需要市场多样化，即使没有掠夺人们重要信息的"中介"，也能达成我们的共识，那有什么方法能实现呢？我们做了各种各样的探讨，期待可以把区块链的技术作为解决这一问题的工具。

　　问题还不仅限于 GAFA。优步（Uber）和爱彼迎（Airbnb）等新兴的 IT 企业也正以新的商业模式垄断市场，获取高得吓人的"中介费"压榨劳动。

　　怎样才能取缔优步与爱彼迎呢？优步是全球最大的出租车公司，可是却没有一台车，它只不过是促成了卖方和买方，也就是有车的人和需要车的人对接的市场而已。爱彼迎也一样。其实这个市场并不需要爱彼迎的存在。但是，现在它却垄断着市场，成了必不可少的中介。

　　实际上，可以通过解除区块链上的智能合约（让合约程序化和自动化的体系）优步和爱彼迎等中介就可以轻而易举地被取缔。这样一来，就可以消灭那些垄断市场、压榨司机的集权化企业。

　　还有更令人瞠目结舌的动作。比如，布兰登·艾奇（Brendan Eich）开发的狮子王（Brave）浏览器。他是 JavaScript 程序语言的发明人，参与过网景（Netscape）的开发，他还是摩斯拉（Mozilla）前任 CEO。其实，狮子王浏览器里有一个隐私性功能，它独有的代币会发生联动，广告收入可以分给用户。已经有上百万人在使用狮子王浏览器，和其他浏览器相比，其新客户的增长率是前所未有的。在不久的将来，这款浏览器可能会凌驾于市场上的标准浏览器，比如谷歌的 Chrome 和摩斯拉的火狐等浏览器，为大众所喜爱。

说到区块链技术对 GAFA 的影响，今后 10 年、20 年内，如果 GAFA 等规模庞大的 IT 企业的影响力能大到左右政府政策的程度，我认为就像比特币针对 2008 年的世界金融危机，和之前的财政金融政策保持同步且起到相反作用一样，区块链（让人们生活丰富多彩的意义上）是同步的，同时（必不可少的中介介入这个意义上）又起到某种反作用的效果。总之，就是给庞大的 IT 企业的影响力一个反作用力，除非他们的服务是"有价值"的中介，否则他们就只能消失。由此可见，区块链是起到这样一个引导性作用。

任何一种商业活动，如果出现新的技术，就要考虑到其影响力，重新审视一下之前的商业模式是否还行得通。新闻业就是一个很好的例子。很长一段时间里，报纸都在社会上肩负着巨大作用，可以说具有很大的支配权。但是，由于网络的出现，报纸便和以往的商业、流通模式产生了正面冲突。

当初，新闻业界就低估了网络的兴起，认为没有必要改变商务模式。当月订阅率和年订阅率不断下滑后才开始意识到网络的影响力，认识到陈旧的做法已无法再维持下去了。

6. 挽回被用户遗忘的权利

放眼 21 世纪，在汽车行业，氢能汽车和电动汽车正在改变该行业的布局，要是风力发电和太阳能发电更便宜了，相信能源界也会发生地动山摇的改变吧。

GAFA 的商务模式着眼于整个 21 世纪到 22 世纪初这段时期，是以运用顾客信息、行为、兴趣、消费活动等大数据为基础的商业模式。但是，就像我刚才指出的那样，消费者已经意识到其架构模式，也开始认识到只有自己才拥有向他人转让自身信息的权限。于是就出现了区块链技术和狮子王浏览器。

这项新技术给 5 年到 10 年后带来的影响，现有企业必须做出慎重的思考。如果狮子王成功了的话，为了竞争，就必须引进狮子王所具有的所有功能。也就是说，要把数据隐私和广告收入与用户共享，如果不向用户转让权限，企业就无法生存。

我认为，区块链技术并不会让 GAFA 等现有企业倒闭，因为这些企业都很聪明，适应性也很强。但是，由于区块链技术的出现，企业不得不重新审视与客户的关系，以让顾客能获得更多的权限。如果对这点不够重视的话，那企业就很可能会消失。

我们可以保留 GAFA 提供的那些令人满意的服务，除此之外，应该有别的方法让我们可以少失去点东西，或者不是永久性失去，而是暂时性失去，比如退出时还可以收回的方法。区块链是虚拟货币的基础，是一项能建构起不同于以往关系的技术。

我认为那些拥有被遗忘的权利的世界才是一个美好的世界。就是一个当我们删除账号时，所有个人信息都能被清除的世界。而我们现今生活的世界却不是这样的。期待区块链技术能为消费者打造出一个这样的世界。

7. 让资本主义接近完美的技术

为了能让世界更富裕，能让社会更加完美，我们发明了区块链技术。但区块链技术仅仅是我们人类手里掌握的一种工具而已，还有其他各式各样的工具能把我们引向光明的未来，比如物联网和人工智能技术等。

区块链虽然只是一部分功能，但其底牌记录的事实带有时间印记，是不可篡改的。这点是为所有人形成一个平等交易的市场所不可或缺的，因此也是非常重要的一部分。有权力的人，为了自身的业绩和利益，往往会窜改记录，操控记录方式。有权之人害怕真相，忌讳记录事实的信息外流。不肯承认自己的失败和过失。

区块链技术不仅会记录国家政府的得失，而且还将之公布于全世界。无论是对政治有益无益，都不能进行操控和窜改。

为了规避金融危机，您认为是要进行政府监管，还是应该听任市场自由调节？您认为能实现真正的市场自由和资本主义吗？

　　让我们来考虑一下限制言论自由的情况。认为有必要对保障言论自由的社会加以限制的人，他们主张应该限制仇恨言论和在电影院里大叫"着火了"那样造谣惹事者。在我们认为有必要接受那些限制时，社会一瞬间就成了迷失在兔子洞中的爱丽丝。我们必须时常针对相应的状况、语境和要说的言辞进行深思熟虑才行。当某人发出类似威胁性言辞时，我们要意识到其真实意图是什么？是开玩笑还是出于真心？还是人们对玩笑反应过激？

　　一发生这样的状况，就会产生一种要把其过程政治化的力量，然后逐渐变质，发展为统治。要是掌权者能控制人们的思想、话语和表达方式的话，那掌权者就能操控人们，不让他们进行舆论批评。事态就会这样发展。

DISTRIBUTED SYSTEMS ⊖
Centralised Network – Belongs to a single central power point (a host). Connected to all satellite nodes. **Decentralised Network** – Belongs to many different hosts. Each with their own satellite nodes. **Distributed Network** – Contains neither satellite nodes. They just contain point-to-point systems which connect with any node they want.

可以在手机上操控的分布式系统

区块链技术下记录的各种数据

8. 无须政府干预就能实现最合理的限制

市场也是一样的，市场是经济自由的体现。市场上所进行的活动，正反映了人们和他人产生关系以及进行协调的意愿。想住什么样的房子，想吃什么食物，市场里有很多选项可供人们选择。一旦对市场加以限制，备选项就会减少。据说在苏联，尽管超市非常整齐美观，但由于商品种类少，没有挑选余地。后来成为俄罗斯第一任总统的鲍里斯·叶利钦，在看到陈列杂乱无章的西方各国超市里琳琅满目的商品后，竟马上意识到苏联将会解体。

政府对市场的限制会阻碍创新，让创业精神萎靡不振，不经意间就铸造起样板文化。样板文化一步出错，就很可能会导致危机。一直以来，我们看到军工复合体会导致战争，银行的整合会引发金融不稳定。其结果就是让下一代背负债务。这就是政府干预和限制造成的预料之外的恶劣影响。

另外，要想排除对市场的限制，就必须设想外界是一个完美的世界。但是，遗憾的是并非如此，这就是现实。

有的国家可能比别国优秀，善于竞争。或者有的国家对环境污染漠不关心，而其他国家却很严格。于是就会有呼声要求制定国际社会的规则加以限制。我们并不是一个人在生存。

我认为虚拟货币和区块链技术中隐含着一种可能性，那就是不用成立世界政府，也能实现最合理的限制。即便没有统治全球的国王，没有美国、苏联那样把规则强加于他国进行统治的超级大国，也能实现。

如果使用区块链技术，我们就能进行自我证明。试想一下，朝鲜、伊朗、以色列、俄罗斯、美国……这些好像没有什么共通之处的国家。如果能去其中的任何一国，到了宾馆手机都能连接 Wi-Fi。彼此不和、互不认可的国家之间也有了共通之处。

既然我们手里已经掌握了全球共通的工具，那么便可以利用这个工具，让其限制和发挥市场作用。而且这个工具具有自我进化和自我恢复的能力。就像一种生态系统，比如热带雨林一样。即使某个物种灭绝了，热带雨林整体也不会消失。针对灭绝的物种可以用某种方式进行填补。同样也可以有一个市场，发挥和热带雨林同样作用。

被过分限制的市场或过于孤立的市场都是脆弱的。虽然有效率也有速度，但一旦坠落，就会像玻璃一样摔得粉碎。这就是我们 2008 年亲身经历过的场景。参战人有限，以同样的规则、在同样的模式下开展商务的结果，就是当模式错误时，我们没有多元化的思考方式，能保护我们免遭世界性金融危机的伤害。各国的应对方式无非是"增加限制""持续干预""进一步扩大银行"。我们没有得出这样一种结论，那就是"说不定采取不一样的做法会更有效"。

我们用虚拟货币和区块链技术创建市场的意义就在于给人们提供其他选项。既不是阻止限制，也不是过于限制，而是采取另一种方法，也就是达尔文式的适者生存的法则来进行限制。这要是能得以实现的话，那就比现有的任何一种体系，更能创建出一个公正的市场。

9. 给予向善的人以机会

刚才您说很尊敬哈耶克，那您对哈耶克先生所说的人类的自由怎么看呢？

我奔走于全世界，曾亲眼看到很多心酸的现实情况。特别是当我拜访东欧、非洲、亚洲等地区那些人们在贫困中挣扎的国度时，就会感到心痛。但是，走访了各式各样的国家后，也意识到比起不同点，我们之间共通之处其实更多。也意识到人出生于何处全凭运气。稍有差池，可能眼前所见的可怜之人就是自己。因此，学者、科学家、技术人员、创业者都必须努力做到让自己所追求的东西带给全人类美好的体验。

哈耶克和其他所有经济学家一直以来试图完成的课题就是理解市场机制，并找到一个对策，让市场对所有人都能发挥良好的作用。

当然有意见大相径庭的人士。有人认为政府应该对市民进行指导，应该引导人们的一生，即从"摇篮到坟墓"。

有这样的想法的人估计在大多数情况下，都自认为比别人有先见之明，只有自己才能制订出完美的计划。

相反，也有很多谦虚之人，非常有自知之明，认为自己并不是无所不知，不可能引导人们生活的方方面面。这种情况下，我们所能做的就是接受无秩序的状态。

必须接纳市场的智慧和群众的智慧，让他们自己计划，让他们自己构建一个体系。这个体系的结构可能与研究所或纸上谈兵得来的方案截然不同。但是，它比起集中少数人之力思考出来的体系要更强健、更有自愈能力，更安全、更持久。

让我们回顾一下这一个半世纪以来，我们人类所取得的进步，我很高兴看到世界变得更加和平，成为一个更好的地方。全人类的生活比从前更富裕了，这也是件可喜可贺之事。但这并不是说我们就没有需要解决的问题了。

大数据变革暗含着改善所有事物的可能性，当然它也可能成为独裁者梦想的工具。这就是我们当今这个时代需要解决的最大问题。我们每一代都会经历着各自的考验，最终找到各自战胜考验的方法。我坚信，因为人骨子里都是向善的，都渴望正确的方向。

创业者、市场和科学的目标就是给予那些向善的人们以机会，不断向善直到成功。如果能做到这一点，那人世间就永远是个好地方。

第 三 章

思考 GAFA 时代的竞争政策

让·梯若尔

(Jean Tirole)

法国图卢兹大学产业经济研究所科研所长

马萨诸塞州工科大学客座教授

影响了各国政策的才智巨人

诺贝尔经济学奖得主

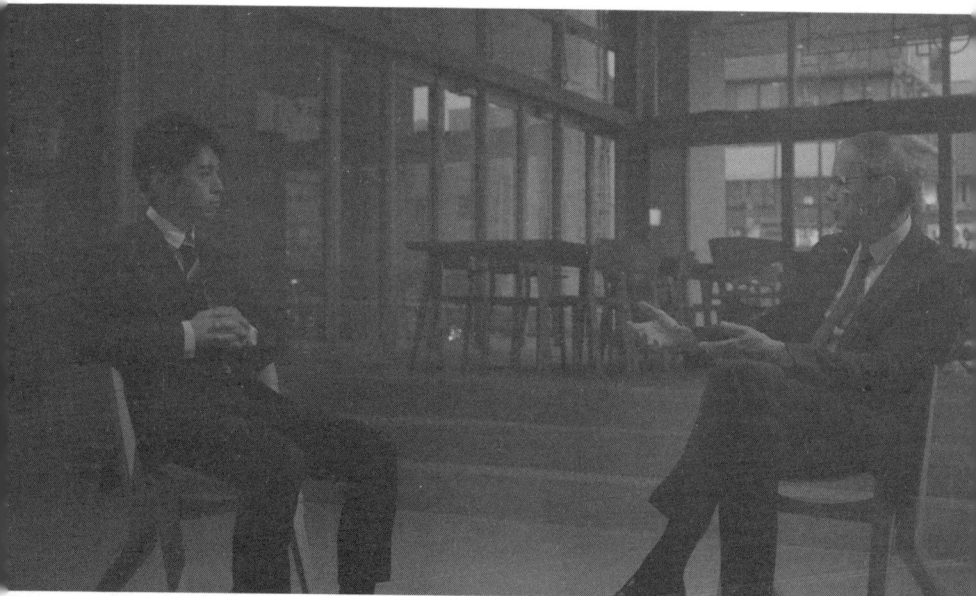

让·梯若尔与安田洋祐之对谈

梯若尔是一位研究领域广泛且深入的学者，其研究涉足产业组织论、监管政策、组织论、游戏理论、行为经济学、心理学、宏观经济学等多个领域。2014 年其获得诺贝尔经济学奖时，颁奖者对他研究的"影响力""实用性"给予了高度评价。他在分析各种各样经济现象时，总会谨慎地权衡费用和便利性，并考虑到种种制约、因素，然后在此基础之上给出最佳解释。

他以法国人冷静的理性，如何解读当代 GAFA 越来越强大的影响力、虚拟货币（密码货币）这些风靡全世界的现象？让我们听听日本经济学界的青年才俊、大阪大学的安田洋祐副教授与他的对谈。

1. 需要合理的监管

安田：您如何定义资本主义呢？有不少经济学家把资本主义和市场经济基本当成相同含义的词语在使用，特别是在美国，在这点上尤为突出。

梯若尔先生，您作为一个法国人，关于这一点如何看待呢？您认为资本主义有别于市场经济呢？还是认为它们基本上就是同一个概念。

梯若尔：我认为资本主义和市场经济不是同一个概念。市场经济是基于企业间的竞争，而资本主义是和统治相关的。资本主义是资本所有者、投资家和股东统治其他人的基础。两者有时会并存，但两者是不同的概念。一个是市场竞争，另一个是统治。

当今，除了朝鲜外，其他所有的国家都在以市场经济的形式运作。我的观点是市场就是一种方式，至关重要的不是竞争与否，而是如何加以监管。而现如今确实是全世界都在监管。

安田：那您如何看待资本主义的未来？特别是雷曼危

机之后，很多人已开始对我们的经济，尤其是资本主义制度产生怀疑。你认为资本主义将来会安然无恙呢？还是会被其他某种政治体制所取代？

梯若尔： 我认为在未来社会里，市场经济会与强大的国家共存，形成一个国家修正市场失误的社会。造成市场失灵的原因可能来自掌控市场的主导力量，也可能是来自 2008 年世界金融危机时我们遭遇过的信息不对称，即银行就损害了公共利益。或者还有可能是包括不平等在内的其他原因造成的，这当然也是一种市场失败。

但是，我认为资本主义的未来并不会回归苏联的计划经济模式。计划经济，不管多么优秀的人来领导，其体系本身都是与市场表现相脱节的。

因此，有必要加以合理的监管。如果没有一个强大的国家来保护人民，对银行、市场掌控力量、隐私等所有问题加以监管，就无法维持市场经济的平稳。

安田： 您提到了不平等之类的，市场失败的几个原因，那我们该如何解决不平等的问题呢？

梯若尔： 如何解决不平等问题虽不在我的研究范畴内，但我坚决主张确实存在着种种不平等，比如收入不平等、资产不平等、教育机会的不平等……能有机会接受最好教育的人，不一定是本人有实力，更可能是因为生于富裕家庭，从而为他铺设了这样的人生轨道。这是非常重要的问题。现实中在很多国家，如果不出生在精英家庭，就很难有接受顶级教育的机会。法国就是这样的。

还有健康的不平等问题，那些没有全民保险制度的国家，国民就被置身于健康不平等的环境中。

再有就是劳动市场的不平等。在某些国家，包括日本和法国，被录用为正式员工往往是困难重重的事儿，很多人都被迫从事不稳定的工作。要解决的问题堆积如山。为了营造健康的就业环境，我们不应该保护工作，而应该保护就业人员。如果保护工作，就会滋生一种危险，那就是短期性工作和不平等雇用形式的泛滥。

2. 无知的面纱

安田：关于不平等的问题，请您讲讲您经常提及的"无知的面纱"。

梯若尔："无知的面纱"是美国哲学、伦理学家约翰·罗尔斯（1921—2002）在其著作《正义论》中，探讨人类应该遵守的"正义"的原则时，提出的一个概念。

建设和谐社会是一件难度很大的事情。我们任何一个人在社会中都有自己的地位，任何人都有自己的历史。比如，安田先生您是大学的副教授，因此并不是随机抽取你来给我做采访的。

"无知的面纱"设计了一个纯粹假设的原初状态。请想象一下你什么都不是的状态，你不是大学老师，既不是男的也不是女的，既不贫穷也不富有，不知道是出生在有文化的家庭，还是没文化的家庭，是生于少数族群，还是像美国人或中国人那样的多数人群体，宗教方面是属于多数派还是少数派，这些都不明确，甚至连性取向都不知道。

在这样一种状况下，请试着自问一下这些问题："你想居住在什么样的社会里？""对你来说什么样的社会是最理想的？"估计你会希望是男女平等的社会，或者对少数派的民族和宗教宽容以待，不会遭受歧视和损失的社会，抑或你还会期望收入所得的再分配，全民都有保险，有政策杜绝市场垄断。

这就是"无知的面纱"理论。罗尔斯主张大家都应该在无知的面纱遮盖的状态下生活，也就是说每个人对自己和他人的地位、处境等都一无所知的状态下，人们才可能做出合理的判断，从这些判断中就能得出正义的原则。

经济学家的作用不是给社会选择下定义，而是提供技术以便实施解决办法和社会性目标。"无知的面纱"这个思想实验就帮助我们来定义目标。

比如，让我们来考虑一下男女平权的问题。即使因不愿意失去既得利益一些男士不赞成男女平等，但如果加入无知的面纱遮盖，那么就能做出更加理性的思考，平等必然会得以实现。无知的面纱告诉我们的就是要采取合理的行为。

安田：无知的面纱是一个非常有魅力的理论。但是现实中的政治性争论都是在既得利益的框架下进行的，无知的面纱真能让人们心悦诚服吗？

梯若尔：正如您所言，我认为这是很困难的。每个人在社会中都有自己的位置，有自己的既得利益。大家都会希望保护既得利益的政策，但是，这是以自我为中心的思考方式。我们必须正视这一点，扩大视野来考虑问题。

我认为无知的面纱是应该在学校学习的理论之一。在哲学课上，就无知的面纱问题作哲学性的思考，通过类似的思想实验，踏踏实实地去思考，这在考虑公共政策方面是会非常有助益的。

消除认识的偏见从来就不是一件容易的事情。实际上我们更容易相信自己愿意相信的东西，不愿做充分的思考，仅停留在第一印象上。这会给政府决策造成恶劣的影响，因为政治家往往会做选民期待的事情。如果选民不是在正确理解政治家所倡导的政策及其利害关系基础之上而投票的话，民主主义就不会发挥恰当的作用。

3. 解决市场课题的监管

安田：格伦·韦尔（Glen Weyl）和埃里克·波斯纳（Eric Posner）合著的《激进市场》（*Radical Markets*）一书中提出灵活利用更广泛意义的市场，通过市场来辅助行政活动，这个观点您怎么评价？

梯若尔：市场的好处就是能定位消费者的"喜好"。比如，最擅长了解人们买什么支付了多少钱，这就是市场的优点。因此，激进市场的想法就是普及市场概念。

比如，书中关于二次投票的一章，便写了建立新的投票制度，让选民不单纯只是表明赞成或反对，还可以对问题表达出自己的喜好等，我就感到非常费解。这章所写的要点就是比起选举中的投票，利用市场机制，让民意得到更好的呈现。我在选举时给两位候选人中的 A 投票了，但这也并不代表我就强烈支持候选人 A，因为还有另一种可能，就是觉得比起候选人 B，候选人 A 能好点儿而已。总之，投票行为并没有很好地显示出选民的"喜好"。

再比如，虽然少数派对歧视、不平等等问题极其关

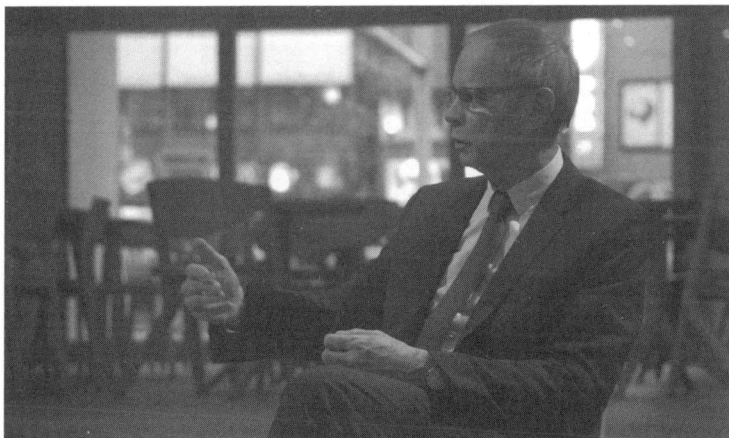

让·梯若尔对思考现实的作品进行评论

注，但仅从投票行为来看，是无法明确显示出他们所考虑的重中之重是什么。

　　于是，要想知道选民所期望的政策，最有效的方法不是通过选举，而是通过普及市场概念，从而了解选民的"喜好或期望"，这就是他们的见解。

　　安田：您指出市场和行政体制是无法相互替代的，两者应该是相辅相成的。那市场原理和行政体制是如何相互作用的呢？

　　梯若尔：市场有效地发挥着作用，如果对其做进一步修正的话，其作用会更有效。但是，市场也有它解决不了的问题，比如外部性和不平等性等，解决这类问题就要靠行政的力量。因此，一是要对市场设计加以修正，让其更趋完美，二是要通过行政干预来解决市场无法解决的问题，这两者缺一不可。

安田：您研究的课题之一是"信息不对称性"，即买方和卖方之间，关于商品的信息是不对称的。那么，您怎么看待哈耶克的"收集分散的知识来达成社会目标"的观点呢？哈耶克主张市场能从社会收集到正确的信息和知识。

梯若尔：我的主张和哈耶克的观点并不相违，正如他所指出的，市场能容易地收集到信息。消费者一方的价格构成实际上是非常单纯的。某人愿意为某商品支付 10 美元，那就说明其认可 10 美元的价值，而如果他不愿意，那价值就会低于 10 美元。市场引出价值信息。商品的市场价格和社会性价值相悖时，也就是商品卖不动时，生产者一方就会发生竞争。如果发生了竞争，生产者就会让商品价格趋于制造成本，最终便能稳定到一个合适的价格。

4. 提供基础设施，垄断市场的 IT 企业

安田：通观近几年的世界经济，特别 IT 相关产业的经济发展取得了显著的增长。但我们也发现，这些企业为顾客提供的不是产品和服务，而是某种基础设施，比如邮件、搜索引擎、云服务等。邮件和搜索引擎由谷歌提供，而亚马逊则普及了云服务。

想起来，人们生活中所需的基础设施一直以来都是通过政府或行政手段来提供的。但在如今的社会，是由私营企业提供基础设施以供制造网上的新服务和商品。

为了监管这些提供基础设施的民间企业，您认为是不是需要改变竞争政策和监管程序？

梯若尔：正如您指出的，苹果提供 iOS，谷歌提供安卓系统，这些都是基础设施。而且，他们还规定用户如果不提供自己的个人信息的话，就无法利用这些基础设施。

这些基础设施应该国有化或者成为监管的对象，但都不是能轻而易举就做到的，因为公共机构和民间都各有所长。苹果和谷歌所提供的很多服务技术都是公共机构，比

如美国国防部高级研究计划局（DARPA）和美国国家科学基金会（NSF）的研究成果。但是，苹果却能将其做成精心设计的产品，谷歌也将其制成便于使用的商品提供给社会，这符合消费者的需求。但公共机构在这个领域却不擅长。

正因如此，产生了提供基础设施的企业垄断市场的问题。这和网络效应有关。众多的人使用脸书，并不是因为脸书就比其他社交媒体性能优越，而仅仅是因为使用的人多。拥有众多用户的其他应用软件也是一样的情况。因为用的人多，所以能得到更好的服务，总之就是这么一个运作机制。

因此，在这个领域必定会产生出世界规模的垄断和寡头，以引起阻碍良性竞争的问题。

但是，就像之前各国监管国内电信、电力、铁路等公益性强的企业一样，监管这些企业不是那么轻而易举的事。为什么这么说呢？这是因为不管是苹果，还是谷歌，都是全球性企业。如果是国内的企业，可以让企业上报收支情况，在审查之后进行合理的征税。但对于全球性企业，就不可能采取同样的方式来征税。

很难把这些全球性企业作为公共事业单位来加以监管，我们没有这样的经验。我认为改善垄断的最有效的措施就是竞争政策。

苹果公司门前飘扬的美国国旗

一家人头攒动的苹果店

5. 让市场成为能让新创企业加入并可以竞争生存的地方

安田：能通过市场来促进竞争吗？

梯若尔：这并不是件易如反掌的事。要解决的问题之一就是竞争政策出台的速度问题。比如，如果既有企业对新兴企业采取反竞争性行为，是应该要纠正的，但是业界动向风驰电掣，往往当监管部门做出判断时，新兴企业早已烟消云散了。

虽然步履维艰，但竞争是必须的。垄断企业厌恶革新，因为开发出的革新产品和服务会降低自己公司现有产品的销售额。虽然这符合垄断企业利益，但是不符合消费者的利益。只有竞争才能给既有企业以压力，倒逼它们进行产业革新和降低价格。如果有比谷歌更优异的新创企业进入市场，就有可能取代谷歌。

要促进市场竞争，一般需要两个必不可少的条件。第一个是保证大环境能让优秀的新创企业参与市场，第二个是能让新创企业与既有企业竞争并生存下去。

　　取得成功的大部分企业都是缝隙市场中的一员，也就是在市场的夹缝中求生存。谷歌是改进了之前没有的搜索引擎，亚马逊是着手于书籍的电商销售。一开始都是规模很小的企业。

　　重要的是，那时有谷歌和亚马逊这样的新兴企业能加入市场。但是，如今的现实是，由于庞大的既有企业实施的反竞争性行为，加入市场变的难于上青天，因为这些企业会恶意压低价格，阻碍小规模的新创企业加入市场。市场监管部门必须要监管这种不正当行为。

　　安田：您说的第二个条件是指现有企业对新兴企业的收购问题吗？

　　梯若尔：正是。当今的市场，一些优秀的新生企业在加入市场后不久，就被既有企业收购，这被叫作进入市场是为被收购（Entry for buyout），也就是新生企业是冲着被既有企业收购并从中获取利益而加入市场的，这种现象在与日俱增。这种做法导致市场无法产生竞争，是无益于消费者的。

　　脸书收购 WhatsApp 和 Instagram 就是这一行为的典型代表。和脸书同为社交媒体，但被收购后就再也无法和脸书展开竞争了。

　　监管部门要证明这种收购行为妨害竞争是件很困难

的事，但是这种证明是防止竞争企业被收购和合并的第一步。

安田：要在以前，企业提高竞争力的一般做法是公开发行新股票。但现如今，新兴企业反倒很期待被 GAFA 这样的巨型企业收购。您认为为什么会发生这样的转变呢？

梯若尔：一个原因是眼下正赶上新股发行市场的衰退期。新股发行市场的景气和低迷具有周期性，经济景气，新股发行就增长，经济低迷，新股发行就会骤减。

另一个原因是难以适用垄断禁止法。WhatsApp 和 Instagram 所开展的业务和脸书并不完全相同，只是存在和脸书竞争的可能性而已。在水泥业界，要是不断地收购同行，垄断市场的话，那就触犯了垄断禁止法。但是，因为 IT 行业的服务瞬息万变，所以有时很难判定是收购的同行还是非同行。

安田：确实存在这个问题。但是，收购确实对消费者有不利的一面。新兴企业要是公开发行新股的话，股价就由为人们所期待的盈利行情决定。但要是被同行业的大公司收购的话，其价值就不是由市场，而是由企业之间的谈判来决定的。在这种情况下，新兴企业往往能得到比发行股票更多的利益，而收购方的大企业则可以回避和新兴企业的竞争。最终蒙受损失的是消费者。

　　梯若尔：正是如此。竞争分散了利益，而收购竞争对手这一行为是有利可图的。因为既有企业可以维持垄断，而新兴企业又可以把自己卖个高价，所以才得以成交。

　　安田：所以您认为应该做合理监管。

　　梯若尔：正是如此。IT 产业瞬息万变，很难预料到未来出现哪些技术和服务，所以有时也会出错。Instagram 和 WhatsApp 即便没被脸书收购，也可能会做南辕北辙式的发展，成不了竞争对手。但是，不能因此就压制竞争，因为也有成为竞争对手的可能。

6. 虚拟货币无益于社会

安田：我还想向您请教另一个至关重要的问题，这个问题也和我们刚谈到的这种状况有关。近来的金融市场上，因开发出区块链技术，所以比特币等虚拟货币的出现受到广泛关注。如何预测虚拟货币的未来发展趋势呢？是与传统的货币体系共存，还是取代传统货币，抑或是注定要消失，我想会有不同的发展剧情，您怎么看呢？

梯若尔：虚拟货币面临两个问题：一个是成功与否，另一个是对社会是否有益。

虚拟货币是否会成功的问题很难预料，经济学家大都这么认为。虽然不敢妄下断言，但我的预测是失败，因为虚拟货币等同于资产价格泡沫。

如果明天没有人相信比特币了，比特币的价值就会一落千丈，全球比特币的价格就会暴跌。也就是说比特币是因为人们相信其有价值才有价值的。当然也就会发生截然相反的情况，很可能会发生泡沫崩溃，这就和法定货币、金没什么不同了。

让我们用长期以来一直持续的黄金"泡沫"为例来思考一下。黄金的价值和曾经当作牙科治疗填充材料时的价值相比，那真有天壤之别。也就是说黄金的价值都是泡沫，而且这泡沫已持续了数千年。

那么，比特币会成为新的黄金吗，我也无法作答。对经济学家来说，再也没有比预测泡沫更难的问题了，因为和房产泡沫一样，这是一种社会现象。比特币要是失去了信用，那其价值也会一夜之间逝去如云烟。据我的预测，虚拟货币可能只有一两种能存留下来，其他都将消失殆尽。

虚拟货币的另一个问题是是否有益于社会。我一直认为无益于社会。除了像眼下的委内瑞拉，由于货币失去信用而遭遇超级通货膨胀的国家以外，我认为虚拟货币岂止是对社会无益，简直就是有害。原因有三。

第一个原因是很可能被用于洗钱，也可能被用于逃税和违法贸易。这些都对社会毫无益处。

第二个原因是发行货币的央行铸币税，即货币发行收入的问题。各国央行都会从发行货币中获益，从而形成一种财政收入。现代的货币发行程序很复杂，简而言之，就是央行支付货款，从商业银行购买国债，以这种方式来发行货币。国债是带利息的，而现金则不带利息，这之间的差额利益就是央行的铸币税。但是，民间在发行比特币等虚拟货币时，是不会产生央行的铸币税的。而且，一旦虚拟货币广为流通而现金流通量减少的话，铸币税就会减少，会挤压央行乃至公共部门的财政收入。

第三点原因是恐怕会有损金融政策。这一点我很担心。2008 年世界金融危机之时，各国央行都通过向市场发行大量的货币，带来市场繁荣，这是一种金融政策。但是，央行无法调控民间发行的虚拟货币的供给。如果再次遭遇同样的不景气时，人们所使用的货币都是比特币这样的民间虚拟货币的话，金融政策将不能有效发挥其作用。

安田：您指出虚拟货币是一种泡沫。但是，现在的货币都是法定货币，所以从这点来看的话，货币也具有泡沫性质。虚拟货币和法定货币有什么根本性不同吗？

梯若尔：法定货币虽然也可以说是泡沫，但其供给是受到限制的，因为有实际货币的使用量限制做后盾。比如，税金是要用货币来缴纳的，这就扎根于实实在在的经济。而民间发行的虚拟货币就不是这样的。如果能用比特币来纳税的话那就另当别论了，但我认为不会也不希望看到这种情况的发生。虚拟货币价值变动大起大落，不适合用于结算和纳税。公共部门的收入瞬间倍增，又霎时减半是件很麻烦的事情。而另一方面，也是因为法定货币历史悠久，价值也比较稳定，还有实际经济在做后盾。所以，虚拟货币和法定货币从根本上是截然不同的。

7. 经济学家没有意识到事态的严重

安田：让我们换个话题。在世界金融危机之后，我们已感受到一股很强的社会风气，那就是人们不再相信经济学和经济学家了，您认为是什么原因让经济学失去了人们的信任。

梯若尔：关于事态的严重性方面，经济学家也不总能获得充分的信息。经济学家里也有人处于利害冲突中。

我认为很多经济学家从理论上能有所洞察来防止经济危机的发生。但是，他们对实际发生的情况不甚了解，无法把握住事态的发展方向。比如，某个经济学家明白非上市股票交易市场很危险，因为非对称信息满天飞，监管部门没有把握住事态的整体动向。但是，经济学家没能意识到事态的严重性。2008 年的世界金融危机就是由那些因资产负债表的表外项目，而根本没有满足资本必要条件的企业引发的。但多半经济学家当时都不了解其规模之巨大。

经济学是科学，但不是精密科学。可以想到做更合理的监管，但也有很多百思不得其解的事情。而且有时即使明白，也对社会起不了作用。更何况监管部门有时对经济学家的意见充耳不闻。

安田：您的研究基本上都聚焦在分析市场的失败方面。但是很多人都误以为自由放任主义的经济就是一切，市场的失败只是经济中的一鳞半爪而已。

梯若尔：所言极是。我以为很少有人明白经济学家在做什么。市场如果运转正常就无须研究。我们把大半的时间都用于研究市场的失败上，并试图做一些修正。

经济学家并不像大家所想的那样，那么热衷于市场。市场就是一件工具。比如，就像我说过的，市场能正确测定人们的"喜好"，但我们觉得这个工具并非完美无缺。

我们所重视的是公众利益。市场如果是有益于公众利益的，那就是好的。但如果它不能产生公众利益，就另择手段。这就是加以监管。人们对这点都不太理解。

在法国，"自由"就等同于自由放任主义，但是这和我所描述的自由主义截然不同。我认为的自由是伴随责任而共生的。

对于社会，我们必须为自己的行为结果负责。比如，经济学家主张在环保方面，自由放任主义是不合适的。为了保护环境，就要求人们为各自决断的结果负起责任。因此，我不支持自由放任主义，而支持碳素税。自由主义是追求责任，而不是自由放任。

8. 金融市场的道德风险

安田：因世界金融危机之故，对金融市场的批判之声高涨，人们对金融市场疑虑重重。您认为金融市场和一般的商品市场有什么不同呢？

梯若尔：虽然遭受批判的是金融市场，但很多情况下，其责任在政府，是政府的监管失败。如果政府不加以合理监管，给人们一种错误的激励导向，就会出现用心不良之徒。因此，也应该对政府加以批判。

说完了前提，我再来回答您的问题。我认为金融市场里，道德风险是一个很大的隐患。一个原因是资产负债表可以迅速修改。可以迅速向高风险的金融商品进行资产配置，所以就导致监管困难，出现对不道德交易放任自流的情况。

另一个原因就在于轻而易举地进行财政紧急援助。银行一旦出现危机，政府就马上进行干预救助；投资者有时也会出手相救。这是因为政府和投资者都畏惧经济活动的不稳定。

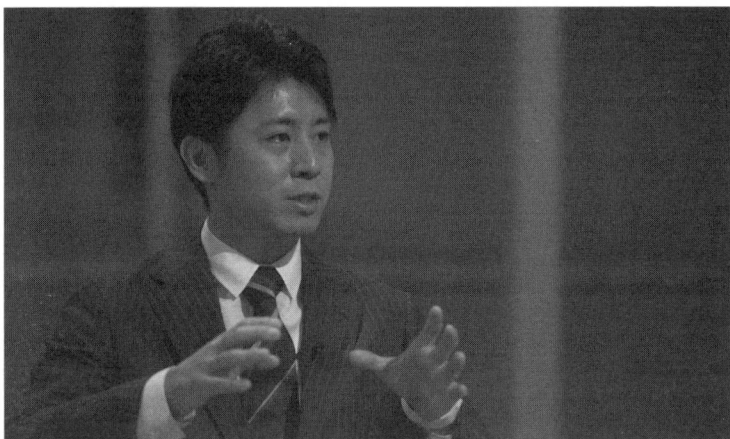

安田洋祐向让·梯若尔提问关于金融市场的问题

公共债务也是同理。2009 年之前，德国和希腊的国债都基本是以同等量级发行的。也就是说金融市场计算出希腊的负债是没有风险的，因为市场认为欧盟会救助希腊，处理希腊的国债。因为有财政紧急援助，所以濒临破产的银行和国家还能继续投资。

安田：很多人都理解金融市场的重要性，其中银行融资和信用交易都是商业所必需的。但是，对复杂的金融衍生商品和金融服务是否有益这一点理解起来很困难，很多人认为是要冒风险的。

梯若尔：确实如此。这就是本应有益的工具却造成了有害结果的典型事例。不是公众利益，而是被银行的风险承担所利用。金融衍生商品原本也是对公众有益的。通过利率互换，银行可以规避利率风险，通过外汇掉期，企业和银行可以规避外汇风险。

这种操作并没有什么不好，问题是很多情况下银行会做出错误的选择。因此，需要合理监管并指导。

美国的特朗普试图废除所有监管，这是要让自由放任主义复活的做法。

安田：特朗普在金融领域取消监管，而另一方面在商品市场却在加强贸易保护主义。

梯若尔：这就是典型的政治干预失误，因为只做短视政策的预判，这就是美国历任总统的特点。取消金融管制、贸易政策、环境政策、财政政策，在以上任何一个方面都采取着短视的做法。视野最长不超过 2 年，完全忽视从长计议的政策。不仅是美国的总统，其实大多数政治家为了获得连任，也会尽力地选择目光短浅。

安田：和政治一样，市场也因短期主义而备受煎熬。比如，在金融市场上，比起长期收益，投资家们更重视短期的收益。您有没有什么建议，能推动构建非短期主义，而是长期主义的市场？

梯若尔：市场也并不总是为短期主义所主宰的。像亚马逊和优步等企业都是以 10 年为单位的，它们进行长期投资，制定确保未来利益的战略。

当然，市场也有短期主义的倾向，特别是金融市场在这点尤为显著。这就是 2008 年世界金融危机的导火索。没有什么轻而易举就能解决的对策，要说办法，那就是要以长远的眼光来监管企业。

9. 人并不是总能做出合理判断的

安田：让我们拓展一下视野，以经济问题为基础谈谈您的哲学观。不仅限于在金融市场所做的判断，人类往往容易陷入短期主义中。您怎么看待经济体系与人们的道德、伦理之间的关系？

梯若尔：我先回答您关于人们的短期主义问题吧。其实人们并不总是选择利己的行为，这一点经济学家都知道。比如，从长远来看戒烟是有利于健康的，却不想付出短期戒烟的代价而无限拖延。宁愿一整天都盯着电视、智能手机的屏幕，却没有人愿意在提升工作技能或扩展人际关系方面花费时间。喜欢购物的人数不胜数，而好好储蓄的人却寥寥无几。这样的例子不胜枚举。可见，人们为了短期内的享乐和利益，不惜牺牲自己的未来。

在过去的 20 年里，经济学家们给出了人们的行为模式，了然于胸的是我们人类既不能做出合理判断，也不会守护自己的利益。

关于经济体系和人们伦理观之间的问题，我们都知道有一种看法，就是市场会给人们的伦理性行为造成恶劣影响。但我对这一观点还不甚明了。

18世纪曾经有过一种截然相反的观点。认为通过和不认识的人做交易，能建立起对陌生人的信任。在反复进行这样交易的过程中，就能相信大千世界中越来越多的人。也就是说，这种观点认为市场会带给人们积极的影响。

我们很难断言哪种观点正确，但所谓的伦理就是社会规定的行为规范，所以可以说伦理是对监管的补充。

监管有时也会发挥一些有效作用，但仅靠监管绝对不够。在社会生活中，很多时候需要人们的伦理性行为。比如彼此互相尊重，这不是政府当局能够监管的。再比如，不管有没有警察都不会犯罪，也是一样的道理。而且行为规范会因时代的变化而变化，有时也会因公共干预而变化。

有一则关于美国大学生饮酒习惯的趣闻。普林斯顿大学曾经非常流行在周六晚上大口喝酒，因为学生们认为是种很酷的行为。但是，没人能明确指出为什么酷，而且也基本没有人欣赏这种行为，唯一的理由就是"因为别人认为酷"。也就是说大多数学生都是同辈压力的牺牲品。但是，这种行为规范，可以通过揭露其愚蠢来加以改变。

安田：亚当·斯密指出在某些方面人类是懒惰的。我下面这个问题可能有些笼统，想请您谈谈关于人类特性以及如何规范人类方面的见解？

梯若尔：关于懒惰的争论已不是什么新鲜话题了。在刚才讨论的那个无限拖延的话题时，我也提到了，将有限的时间不用于拓展社交和提升技能，而一味地看电影、看电视，这在某种意义上就是懒惰。亚当·斯密对此也是认识透彻的。

20 世纪，经济学已经发生了范式转移，也就是出现了"经济人假设"。即认为人具有完全的理性，追求自己利益的最大化。"经济人假设"观点很简单，让我们可以理解为了获取利益，需要必要的激励。

但是，我认为这个观点需要修正，因为有些现象不是"经济人"观点能解释清的。我们应该明白人并不总是能保持理性的。

在过去的二三十年间，经济学把其他社会科学纳入了自己的领域。历史、心理学、社会学、法学乃至人类学和生物学也都吸收进来了。为了搞清经济，经济学家和所有社会科学家们通力合作。

这在某种意义上可以说是回归亚当·斯密。因为亚当·斯密也是一位社会学家。

10. 市场就是一面镜子

安田：最后一个问题。您在《共同利益经济学》中写道，市场就如同一面镜子。我的理解是市场就像一面镜子一样，照出了人们的愿望和欲求，您觉得对吗？

梯若尔：你这样理解也没错。无论市场好坏，它都是人们的一面镜子。市场给出选择，人可以进行选择。有时选择错误，有时也选择正确。换句话说，市场暴露出那些用它进行选择的人的真实面目。也有人会不喜欢这样。但是，打碎镜子也照样解决不了问题，这点是至关重要的。

对事情务必要加以监管，因为会发生一些不道德的行为。比如，贪婪，过于冒险，不惜牺牲劳动者和纳税人利益来大赚特赚，人体脏器买卖，还有各种各样堆积如山的社会问题等。

即使打碎镜子，也就是消灭市场，不道德行为和犯罪行为也不会就此消失，要消灭这些最需要的是教育。这个时候，无知的面纱将成为有效的工具。我们必须顾及自身的行为给别人带来的损害。所以，我反复强调，我们要做的不是打碎镜子，而是监管它。

金融服务如果能明智地做选择，那它就是大有裨益的商品。无论是个人、企业，还是公共部门都能贷到资金。储蓄、保险、养老金基金都对人们助益匪浅。但是，由于金融变得过于庞大，而且被滥用，所以让社会陷入了混乱。

但是，我们该做的不是打碎镜子，也不是抛弃金融市场，而是对其加以正确的监管。

第 四 章

从文明论的角度来审视资本主义的未来

尤瓦尔·诺亚·赫拉利
(Yuval Noah Harari)
历史学家、希伯来大学教授
从文明论的角度来解读人类的未来
著有《人类简史》《未来简史》

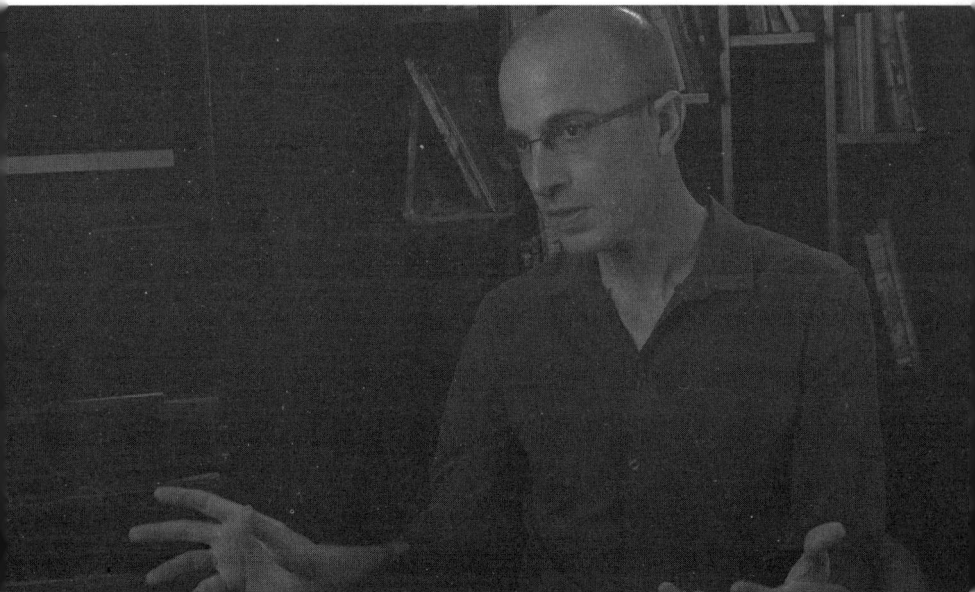

解读资本主义的历史学家尤瓦尔·诺亚·赫拉利

　　赫拉利曾在其《人类简史》《未来简史》等书中，立足于整个历史进程，从文明论的角度考察并分析了现代人类。在当今整个地球变成了"地球村"的时代，信息技术、人工智能等技术以惊人的速度发展，资本主义究竟要去往何方？

　　赫拉利认为近代科学和资本主义的共通之处在于"探索未知领域，一旦征服这个领域，又不厌其烦地开始对下一个未知领域的探索"。如今很可能是这种探索的最终阶段了。让我们跟随一位来自中东的不同凡响的历史学家，以数千年的宏伟跨距，思考一下由人类"欲望"滋生的未竟之梦。

1. 如果一切皆自由，社会就会崩溃

首先，我们想问的是您在您的著作《未来简史》中，论证的有关未来自然科学和资本主义关系的问题。您认为人类有可能掌控科技吗？

科技并不决定什么，只是提供选项而已。社会政治体制并不是由发明来决定的。回顾整个 20 世纪，火车、电器、汽车、收音机、电视等技术并未催生出世界性的政治体制社会。无论是什么政治体制的政权，都有效地利用了同样的技术。并没有命令蒸汽机车的发明一定就要用来创建一个新式的政治体制。如果看看今天的朝鲜半岛，就会明白我所说的。同一个民族，用同样的技术，形成如此大相径庭的社会，半岛南面的人们并没有使用北面的人们所不具有的技术，这是任何人都意想不到的吧。应该是同样的技术，不同的使用方法使然。

另外，如人工智能、生物工程、纳米技术等，这些 21 世纪的崭新科技也有同样的问题。这些技术将会改变世界，但是，世界会怎么发展却是捉摸不定的。唯一不可能的是保持现状。

世界在今后的数十年间将会发生戏剧般的变化，这是不可避免的事。可是，如何变化，创造出什么样的社会，却蕴含着各种可能性。我们人类不能服务于技术，变成技术的奴隶，而必须是让技术服务于人类。

这一点无论是在政府层面，还是个人层面都是一样的。转基因和自动武器系统等，这些威胁到人类的开发，应该加以管制。在个人层面上，比如与智能手机的关系问题，我们是让智能手机服务于自己、还是受控于智能手机、智能手机是否支配着我们的生活等，都应当是我们着重思考的问题。

我们拥有选择权，可能不是百分之百的选择权，但在如何利用技术方面，有多种选项供我们选择。

当今社会，自然主义和科学主义广为普及。您认为资本主义今后会按照"自然"法则发展下去吗？

激进派的信徒主张，资本主义在经济和社会方面，就像万物都秩序地运转一样，是一个自然而固有的系统。但我们都知道，这是大错特错的。资本主义制度不过是在过去的几百年中，由一些特定的人创造的一种制度而已，既不是自然而成的，也不是永恒不变的。极端自由市场之类的观点就是天方夜谭。如果没有政治、法律的基础和框架，自由市场就根本不会存在。

也有人主张不需要政府的监管，在自由市场状态下，由需求和供给的法则决定一切。如果一切都是自由放任的，那一切便都会土崩瓦解，这是任何人都明白的道理。举个浅显易懂的例子，那就是司法制度。在自由市场中，法官也能做交易吗？如果司法制度由自由市场的竞争来决定的话，那一切都将分崩离析。自由市场必须作为法律和政治的一部分加以监管，否则就不可能存在。正因为有司法制度，财产权才得到保护，契约才能达成。所以，根本就不可能有完全自由的市场，这不过是资本主义者制造的一个神话而已。

那您如何看待自由的优缺点？在经济自由主义和新自由主义之下，阶层分化在扩大，世界越来越不稳定。

经济方面的自由，最终归结为谁拥有决断权。经济自由主义的信徒主张无论是政府还是企业，这些特定的组织不应该决断一切，统治人类。决断的权限应该分散开来，分给各种组织、机构和个人。

2. 资本主义就是宗教

如果资本主义不是自然法则，那您怎么看待其本来面目？您认为是一种意识形态呢，还是类似于宗教的性质？

资本主义是人类制造出的一种社会制度，根本不是什么自然法则，这点已经非常明确。既然它是一种意识形态，那么我们也可以将其当作是一种宗教。即如果人们对它盲目推崇，那它可能就会成为所谓的宗教。但也有人说"宗教中，神是不可或缺的存在，其核心有神的存在，才能被定义为宗教"。如果这样来定义宗教的话，那资本主义就是一种意识形态。

然而，我认为在定义宗教时，神的存在并不是那么重要的。所谓的宗教，就是对某种故事情节和神话笃信不疑即可。而且其神话能成为社会组织和政治本身赖以建立的基础。在这种情况下，即使不是以信奉特定的神为中心的，那也可以说它是宗教。至少，从某种意义上来看，资本主义确实具有宗教性质。为了让经济活动发挥合理的作用，不仅向人们提供现实指南，就连其制度本身都拥有价值。

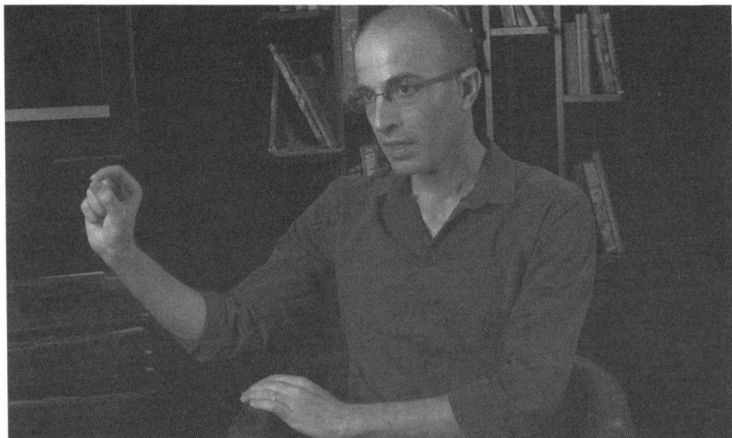

赫拉利在分析资本主义与宗教的区别

　　当今世界大多数国家，虽然没有明说，但基本都认为经济增长具有最重要的价值。这是不折不扣的市场经济价值观。无论是社会主义国家，还是资本主义国家，或者说是犹太教国家、印度教国家、基督教国家等，虽然标榜的内容各异，但现实是，无论哪一类国家都认为经济增长才是最大的价值。不管是伊朗的领袖，还是以色列总理、美国总统，问他们任何一位，都会得到明确的答案，即国家需要经济增长。而经济增长其实就是我们现代人的宗教。

3. 自由市场面临消失的危机

资本主义体制下，如今正有机构在暗中收集大量数据。

的确如此，有人把这称为"监视资本主义"。亚马逊等企业和美国国家安全保障局等政府机构，根本不受监管地限制，在人们浑然不觉中便收集到了大量的数据。

如果再这么持续下去的话，自由的社会和自由的市场都将消失。事实上这样的事情正在发生，亚马逊运用其大数据，或收购各种企业，或让其破产。如果这种情况放任不管的话，整个市场，或至少在某个领域，都将会成为亚马逊的囊中之物。

市场将不再是自由市场。比如在市场中，会有很多人买西红柿，如果某家店卖的西红柿不好吃，就去别的店；想买便宜的西红柿，多转几家店就能买到最便宜的西红柿，这才是自由市场。但很可能的是，20 年后，全世界卖西红柿的可能就只剩下亚马逊一家了。我们不仅不能选择西红柿的味道和价钱，甚至连购买量都会受到限制，因为亚马逊决定着西红柿的质量、价格和供给量。

这种监视资本主义如果得不到阻止的话，结果就是变为集中制的体系，这与 20 世纪的资本主义相比，更接近于冷战时期苏联曾使用的经济体系。

再回到您问的资本主义未来这个话题上，今后，资本主义将如何变化还前景不明，很大程度上取决于我们所做的政治性决断。对数据所有权的监管方式将成为一大课题，会左右未来的走向。因为数据正在变成当今世界最为重要的资产之一。

脸书和谷歌等庞大的 IT 企业都反对监管数据的所有权。而另一方面，也有一些国家将数据国有化。我们必须找到一个折中的方法，但这绝不是一件容易的事情，因为把数据当作财产并对其使用加以监管，在这方面我们可谓毫无经验。

在土地所有权的管控方面，我们人类已有上千年的经验，对土地市场的管理方式了如指掌。对工厂、产业所有权的管控方面也有好几百年的经验可供借鉴，比如很多国家都有禁止垄断的法律。该法律可以防止出现限制竞争，向特定企业过渡集中的弊害，来维持资本主义制度。

但是，我们对如何合理管控数据一无所知。对脸书、谷歌和亚马逊的垄断该如何加以限制，我们毫无头绪。

从某种意义上来说，资本主义的未来是不确定的。因为数据将成为实力之源，也就是说数据是头等重要的资产。当我们过渡到了这样的经济时代，那该建立起什么样的体系，才能让社会或者说资本主义合理运转，我们对此一无所知。

在未来社会中，货币一定会从经济活动中消失。请大家设想一下没有货币的社会。在今后的几十年间，美元、日元、欧元等以往的货币的重要性会逐渐降低，因为在经济活动中，比起凭借货币的交易，基于数据的交易所占比重很可能会攀升。

支付 100 日元来交易一只苹果，我们的社会长年以来都持续着这样的货币经济，也就是说我们对这种基于货币的交易已经驾轻就熟。政府也以货币的方式征税。但是，到了 21 世纪下半叶，可能更多的交易不是通过货币，而是通过数据来完成。用物品和数据交换或数据和数据交换，这样的经济模式很可能会应运而生。因此，在这种不是货币而是数据成为交换手段的前提下，我们必须创设一种全新的经济制度。

那这样的社会还能叫作资本主义吗？

怎么说呢，我认为这要看我们今后的设计了。

资本主义不是永恒不变的体制，从诞生以来至今也不过几个世纪而已。中世纪不存在什么资本主义，100 年后资本主义很可能会消失。到时一定还会有某种新制度取而代之，但肯定与现在的制度大相径庭。

货币可能会消失，取代它的很可能就是对数据征税。可能一大半人会失去职业，必须实施最低生活保障制度才能保证社会稳定。像劳动、按劳取酬等资本主义制度的很多根本原则，可能在 100 年后，将与资本主义的关系荡然无存。

4. 人工智能时代应该保护的不是工作而是人

都说人类的工作将被人工智能夺走。如果这样的社会来临，那人类该怎样保持幸福感？为了避免陷入犬儒主义和虚无主义中，我们该怎么做好呢？

工作消失，这本身就是社会进步的结果，因为很多工作对于劳动者而言，并不是什么特别有价值的工作。很多人之所以会从事那些没人想干的工作，只是因为他们别无选择。比如在超市 1 天干 10 小时的收银工作，不会是谁的理想工作，不过是为了生存，需要钱，不得已而为之罢了。

所以，我认为让机器人代替收银员不是什么问题。我们需要保护的是人，而非保护工作。即使不做那些不得已而为之的工作，也能维持生活，这才是最棒的。

人工智能时代的问题之一不是守护工作，而是如何守护失去工作的人。比如建立最低生活保障等方式，但不要忘了本质都不是为守护工作，而是为守护人。

　　另一个问题是赋予人生以意义。无须在工厂里一天劳作 10 个小时，吃穿住不愁。那干什么来消磨时间好呢？

　　我想是有办法来解决这个问题的。人们是可以从艺术、体育、宗教、冥想、人际关系、社区交流等中找到生活的愉悦和意义，找到幸福的。

　　因此，我以为无须讨论机器人或电脑剥夺人类工作这样的话题。政府和社会只要对那些失业的人加以生活援助，令人们都能积极致力于富有意义的活动就好。

　　但是，如果不采取最低生活保障制度等措施来保证人们的生活，完全倚靠市场之力的话，就会很麻烦。因为财富和权力都集中在一小撮精英手中，很容易造成大部分人深陷贫困、无以为生，所以我们必须采取行动。但这绝不是不可救药的事。

5. 欲望是动力之源

欲望的本来面目是什么？您认为在资本主义社会，欲望起到什么样的作用呢？

我认为，欲望是推动制度整体前进的一种力量，或者说欲望就像发动机。

"顾客永远正确"，在这句话里我说的"顾客"并不是指顾客的理性，而是指顾客的欲望。虽然资本主义是个极其有效率的体制，但顾客的欲望却绝非如此，因为欲望是世上最为无效率可言而又奢侈之物。资本主义为了利益会生产人们想要的任何东西，如汽车，会生产更大的、设计更精美的、拥有最新装备的……是的，欲望是毫无止境的，满足欲望也是毫无止境的。

资本主义是以人们的欲望为前提的。在这个体制下，鼓励人们达成一个欲望后马上催生出另一个欲望。就比如广告行业，这个行业 99% 的工作就是制造人们本没有的欲望和进一步扩大已有的欲望。一般人不需要本不想买的商品和服务，在看了广告之后就开始觉得需要，甚至不买到手就会觉得缺点什么。广告就是这样教唆人们的，广告的工作就是要让人们觉得幸福就是购买商品和服务。

如果人们不这么思考，资本主义制度就会整体崩溃，因为生产了很多需求之外的商品和服务。如果人们都不渴望那些不需要的商品，经济就无法正常运转。因此，资本主义和人类的欲望是密切相关的，资本主义的设计就要刺激人类的欲望。

这个体制并非要提升人们的幸福度。为什么这么说呢？那是因为人类的满足程度和所拥有物品的量并不成正比。这不是资本主义的问题，是和人性相关的问题。欲望得以满足后并不会就此罢休，人们马上就滋生出新的欲望。这正是驱动人类历史前进的动力，多亏了这种力量，我们才取得了比石器时代的祖先大千百倍的能力。我们人类确实强大了，但并没有因此就感到更满足、更幸福。

难道人类就无法超越欲望吗？

历史上曾出现过众多的宗教，都有其各自的精神传统。佛教就是其中之一，佛教的中心问题是摆脱欲望的束缚，因为意识到了即便满足了所有的欲望也没有止境，所以就试图寻找到一种方法脱离欲望。当人们摆脱欲望的控制时，就能超越欲望。这在个人层面上是非常有效的。

但是，在当今的社会和世界，就不那么顺利。虽然佛教的冥想术、基督教的说教对个人保持内心的安宁卓有成效，但却没有能力遏制全人类规模的欲望。通观历史，我们只看到人类欲望在无限膨胀。

第 五 章

从哲学视角解读资本主义和民主主义的危机

马库斯·加布里埃尔

（Markus Gabriel）

波恩大学教授

因新存在论而成为哲学界广为瞩目的领军人物

著有《为何世界不存在》

新锐哲学家马库斯·加布里埃尔

　　加布里埃尔因其著作《为何世界不存在》和其所倡导的新存在论而成为一位引领哲学思潮的哲学家，又因以 29 岁的史上最小年龄成为久负盛名的波恩大学的哲学系教授而被喻为天才。此外，他的独到之处在手法高明的实地调查精神，他在各种领域，针对人们各式各样的提问，都从词语的起源说起，来转变人们的认识。

　　自 2017 年《欲望资本主义》这个节目开播以来，他一直以各种形式在这个系列节目里出演。这次，他又会给我们呈现什么样的耳目一新的话题，能挖掘出现代资本主义中存在的断层吗？

1. 真正的 AI 是无稽之谈

近年来，关于 AI 超越人类智能的"奇点"争论沸沸扬扬。您在近作《意义和存在》中批判了数字化社会，并主张说"真正的 AI 是无稽之谈"，那么您是认为机器和机器人绝不会超过人类吗？

在我的这部作品中，针对数字化社会，从哲学的角度进行了批判。正如您所说，"真正的 AI 是无稽之谈"是其中的主要命题之一。

我们人类的思考能力，正是我们之所以成为人的关键所在，这是用算式等任何手段都无法模仿的行为。也就是说无法用算式来表示人类的智能。而另一方面，AI 却是依照算式指令行动的，所以 AI 超越人类是无稽之谈。

但是，今天的数字化概念是建立在能把人类智能算式化这一观点基础之上的。这是断然错误的想法。所以，我们能预见到现代文明模式因其不真实性终将走向崩溃。

虚假新闻是当代社会的一大问题，虚假的不是社交媒体上扩散的错误信息，而是全球数字化这一概念本身就是虚假的。

总之，数字化本身就是虚有其表的假象，为了更好地对其加深理解，需要更高度的人类智能。

人类的智能是在历史的长河中掌握的学习形态。"学习"一词在希腊语叫作"μαθημα"，这就是"Mathematik（数学）"的词源。所以说，所谓数学就是指学习时的理论。

人类是能培养出全新感觉能力的生物，比如品尝葡萄酒和酒的味觉。我们人类一直以来都是通过培养感性来获取新的能力的。这和 AI 的学习过程不完全一样。

同时，"机器"一词的词源也很富于启发性。在希腊语中叫作"μηχανα"，这个词也有策略（trick）和列表的意思。这也就是说机器和机器人是人类智能创造出的工具，之所以人类才会对机器人感到恐惧和依恋，是因为机器人具象化了人类创造的感觉。这正是人类把机器人拟人化，并相信其无所不能的原因所在。

但是，实际上机器本身既没有智能也没有生命，只不过是在一定时间内运转的电路而已。如果人类不使用它，它马上就会坏掉。无论是智能手机还是电脑，只要人不加以使用，1 年之内就都无法再用。也就是说，所有的机器都依赖于人的使用，没有人它就无法存在。

2. 操控人们的是隐藏在机器背后的某个人

由于美国互联网四巨头 GAFA 的兴起和社交网络服务的普及，造成了人类好似被机器操控的现状，请谈谈您对这一问题的看法？

我们今天感知自己好像被机器和媒体所操控，其实是错觉。实际上我们是被隐藏在机器背后的人所操控。这个人是形形色色的，可能是社交网络服务上的朋友，也可能是谍报机构、还有可能是互联网四巨头 GAFA 所代表的 IT 巨型企业。总之，我们因为被机器和媒体背后的人所操控，所以必须向网络付费。而且，支付方式也多种多样，可以是由手机运营商结算，也可以通过互联网服务商结算，总之，我们每个人都是合法地与网络链接的。

我们也利用网络进行购物，这种交换是可视的。也就是说网络不仅能让如果没有网络就看不到的交易对方可视化，还能创造一个看不到交易对象样貌的广袤空间。为此，我们就感到某种无形之物的巨大威胁。

　　这种无形之物像神也像人。我们对网络抱有这种矛盾的情感，但仅限于幻想而已。网络上所有的交往背后都存在一个对此关注的"某人"。

　　今天的网络世界与20世纪初的巴黎和柏林的市内道路交通很类似，没有井然有序的交通管制，很多车辆乱哄哄地行驶，毫无秩序可言。网络在现阶段也没有得到有效的管制，也很像拓荒时代的美国西部。相关的巨型企业都聚集在加利福尼亚，这也绝非偶然。这些巨型企业一方面就像一场宗教性运动，另一方面，它们都试图在网络世界受到管制之前，拼命增加自己的资本。

3. 社交媒体就是一种博彩

最不该忘记的是，我们正处在 GAFA 等诸多企业的剥削之下。收发邮件、看网络新闻、搜索、购物、看视频、发布音乐等，我们在网络上所做的行为都是劳动。这些劳动带来的数据附加值，令几十亿美元的金钱落入美国加州的某些人账户中。

社交媒体就像一种博彩。人们给网上的留言和发布的图像点赞，这就好比在赌博。发布人在攒粉丝，获取积分的人能赚钱。在这种结构下，如果 YouTube 的成功者增多，那就是参与赌博的用户方获利。

但是，最大的赢家不是投稿者，也不是点赞的用户，而是庄家亦即运营社交媒体的管理者。这与博彩的机制如出一辙。但是社交媒体是全世界最不公平的一种博彩，我可以断言 GAFA 远比任何肮脏的博彩都更肮脏。

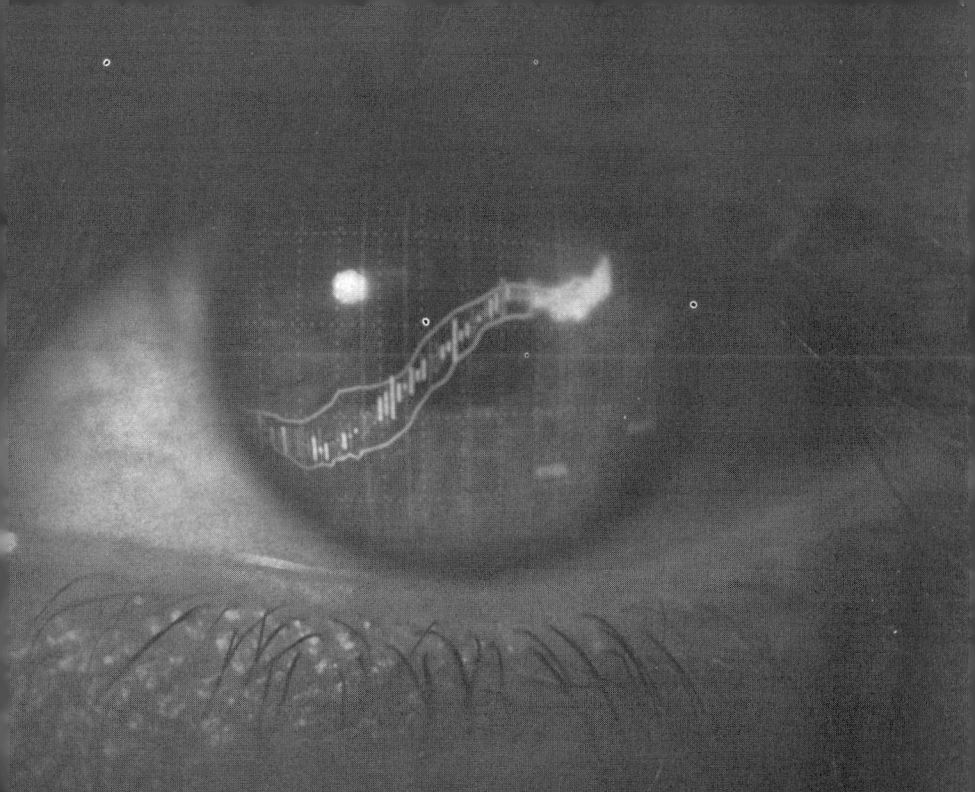

网络化下的人类与人类世界

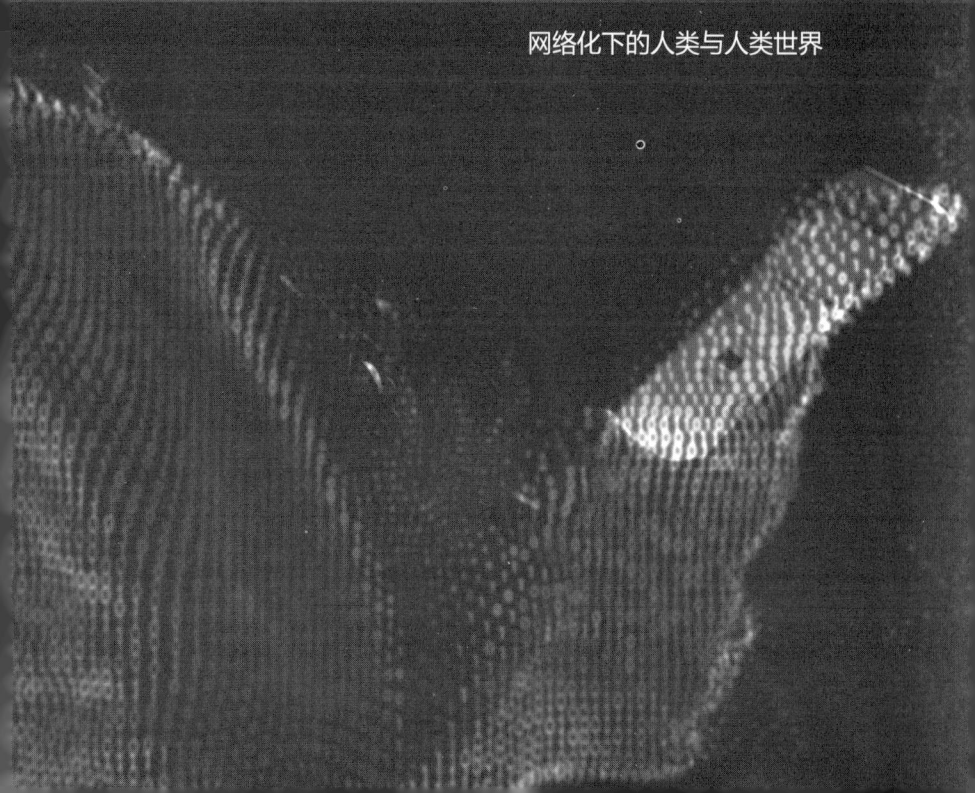

4. 社交媒体和民主主义的危机同属一个现象

您如何看待 GAFA 构建的虚拟世界，也就是数字社会给现实社会所带来的影响？

我们知道，社交媒体等正通过信息的数字化构建一种新的社会体系但它是不可持续发展的。就如同没有交通规则的高速公路，不知哪天就会垮掉。今天已经出现了众多的受害者，即发生了利用科技的暴力和犯罪以及有组织的恐怖事件。但是，不仅仅只是这些表面现象，就连全球化的价值观本身都在一点点崩溃，这就是人们所说的民主主义的危机。

民主主义的危机和社交媒体，两者实际上是同一种现象的两面，并不是两种不同的现象。并不是媒体操纵舆论，导致舆论不稳定而使得民主主义陷入危机，不是这样的构造，而是两者同属一个现象。

人类的社会性本来就是在自己近距离的周边世界中建立起来的。我们人类必须依附肉体才能得以存在，其余的都是想象，也就是虚构之物。从这个意义上来说，当今的世界存在一个完全虚构的全球社会。在那里活跃的不是肉身的人，而是虚拟化身们的世界。而这些虚拟化身引发的种种社会性动态正在瓦解着民主主义。

如今民主主义还在我们近在咫尺的世界里生存得好好的。比如，在国家、政府、古典经济等领域，还维持着人们之间的联系。但是，网络所构筑的新社会体系正在破坏这样的世界。

让我们以美国为例看一下。在国土辽阔的美国，很多时候相互交往的双方离得很远，所以社交媒体本来是用于四处分散的家人、朋友和熟人之间进行随意联络的。也就是说，一开始社交媒体是让关系亲近的人之间保持联系的一种便捷的工具。

但是现如今，很多人用它来和无形的对方进行往来，以建立一个虚拟的联系。这种交流完全就是杜撰的，就和看小说一样。人们把大部分时间用于这些虚拟的交流，却不与看得见摸得着的人进行真正的交流。从哲学的存在论观点来看，这就好比我们在日常生活中，把大部分时间都浪费在游戏上一样。社交媒体本来是作为和身边的人进行随意交流的一种廉价手段而普及开来的，可现在却在破坏身边人之间的交流。

5. 新闻业的危机

您认为正是这点在瓦解着民主主义吗？

正是。网络绝不是政治中立的平台，因为看不见的黑手在操控着网络。

比如，一开始有很多搜索引擎，而今成了谷歌一家独霸。我们以各种形式与网络空间相连，自以为从网络上获得了充分的信息，任何人用区区几分钟就能获得和看了报纸似的满足感。但是这是个天大的误解。我们并没有获取信息，我们只是做了和读小说或者是看电视剧一样的行为。

就说特朗普吧，网络上每天都能看见他在发布他的各种新闻：他带没带伞、吃了几个冰激凌、在白宫和谁说了多长时间的话、开除了谁……在发布的这样一些报道时，其实真实情况被掩盖了。如题为"梅姨的舞步""欧盟委员会主席容克的讽刺"之类的报道也是一样的。

今天，新闻业的危机已迫在眉睫。倒不是由于各国领导人、对记者们采取批判态度引起，而是由于新闻业丧失了批判精神，这种现象风行于世。

真正的新闻业应该是把那些讳莫如深的事情暴露在光天化日之下。但是，社交媒体上散布的新闻、内容非常肤浅。有关特朗普，我们只能了解他言行中的表面现象，发生的那些和他相关的事情，我们都无法做深入了解。这就是如今的网络社会滋生的时代潮流。而且，新闻业的危机也是民主主义的危机。因为民主主义丧失了通过新闻业等的力量来查明真相的态度，民主主义便不能发挥作用了。

而且，这种状况正被躲在社交媒体背后的"某人"巧妙地操控着。

对现实政治来说首要任务是资源和财富的配置。为了配置资源，其前提是转换原材料。马克思主义的一个命题就是人在劳动过程中出现了分工。所谓的劳动，其结果就是把原材料和能源转换为各种形态。

正如我刚才指出的，在网络上看新闻、发邮件实际上都是劳动。而这些劳动被隐藏在幕后的"某人"用作置新闻业于危险之地的原动力。我们阅读网络上发布的浅层新闻，意识不到这是劳动，也意识不到躲在背后的"某人"，却误以为自己获得了充分的信息。正是这种结构导致新闻业的批判精神陷入危机。

6. "不存在客观真相"的欺骗

您如何看待造成虚假新闻泛滥以及后真相时代出现的原因?

我们深信事实、真相是难以了解的。这种深信不疑正是导致后真相时代出现的原因之所在。

的确,查明真相是困难重重的,因为一直都有人在试图掩盖真相,比如处于政治上的战略性手腕等。但是,即便是这种情况下,就断定"不存在客观真相",也是大错特错的。在政治的世界里,这种手段被大肆利用,相反,这也正是政治的短板。总之,世界政治体系谈论后真相,其实也在伤害着政治体系本身。

下面,让我们来了解一下详细情况。民主主义就是一切都要通过对话来决定,唯一例外的是"民主主义体系本身"。财富和特权等的分配是通过开放式的对话来决定的,人人都可参与。自法国大革命之后,任何人都认为与政治和社会相关的事情都有可能实现,更不是都可以通过对话来决定。但是，现实并非如此，并不是任何事都可以实现，更不是都能通过对话来决定，而是特定决策在起作用。为了防止抗议运动和革命，就需要一些情节来掩盖某个特定决策。这就是在政治世界里，谎言和欺骗游戏泛滥的原因所在。

而在后真相时代里，政治游戏中用的最多的把戏就是佯装不存在客观真相。从某种意义上来说，这就是完美的欺骗。

因为欺骗是以事实真相为前提的，所以如果没有事实真相，也就无须欺骗。仿佛不存在欺骗，也就是装作仿佛不存在事实真相，如果以此为前提，那就只剩下毫无廉耻的欺骗了。让人们以为不存在欺骗就是现代社会最大的欺骗。

所谓的后真相是一股新潮流，简单来说就是比起知识更重视意见。知识和意见在哲学领域可以很容易地进行区分。比如像下面两句话：我知道自己现在在阿德隆酒店，这就是知识。而我认为德国的内政部长霍斯特·泽霍费尔现在应在慕尼黑，这就是意见。两者之间的区别显而易见：知识是基于事实的，而意见却不是。后真相时代，我们在网上看到的大多数信息都不是知识，而是意见。

而且在这个时代里，翻来覆去传递给我们的信息是我们一无所知。这正是电影《黑客帝国》的主题，里面有一句台词是"人生不过是一场幻觉，你们甚至连这点都不懂"。

以神经科学、机器人、AI 技术、传播学、后结构主义式的文学论等领域为主，从各处传递给我们的信息都是"计算机可能会超越人类的智能""人类社会不过是空洞的幻想而已"之类的内容。正是这种论调最终毁掉了智慧的价值。

智慧的价值决不应该成为攻击的对象。智慧的价值受到攻击，一切都将化为虚无。民主主义要发挥作用，客观真相至关重要，要是没有知识，客观真相就会不明不白。

如果社会成员都一味追逐个人利益，那稳定的体制就难以维持。这就是 17 世纪英国哲学家霍布斯提出的"所有人反对所有人的战争"。国家这个概念被当作是能克服这种状态的装置。但是，我们的社会因后真相时代的到来，又回到了展开"所有人反对所有人的战争"的自然状态，形成了新的全球性自然状态，而特朗普就是其象征。

7. 处于自然主义和宗教掌控下的美国

您是说特朗普的思想根基里就有自然主义成分吗?

没错。美国只有两种意识形态,一种是自然主义,而另一种是宗教。两者掌控着整个美国,而特朗普是其完美的代表。他是基督教激进派信奉者,也是神创论的信奉者。他否定进化论,坚信宇宙是神创造的。

可能大家会感到有些意外,基督教激进派竟然和唯物论也有关联!马克斯·韦伯在"解除世界的魔咒"这个命题中指出的。一神教的宗教教导人们只有神具有不可思议的能力,神创造了宇宙,其他所有现象的发生都遵从神所创造的自然法则。古典的自然主义的观点是"神"和"世界"之间有天壤之别,而现代的自然主义认为"神已经不复存在,存在的是没有神的世界"。但两者基本属于同一意识形态,前者以世界之外为神,而后者则以神所创造的世界作为考察对象,两者实际上处于同一框架之下。

神创造了世界,也就是自然,这根本就是荒谬的自然

马库斯·加布里埃尔在阿德隆酒店接受采访

观。秉持这种观点的自然主义绝不可能理解自然。但美国文化就是建立在这种错误的自然观之上的。

其原因说来很简单。美国的新教文化开始于对原住民的大屠杀。原住民本来拥有截然不同的自然文化，但是由于欧洲人的入侵，原住民本身富有意义而美丽的自然观遭到破坏，只能逐渐形成空洞而黑暗的唯物论式的自然观，比如大峡谷就是其模型。

对美国人来说的现实就是如同大峡谷那样的，说起来就像"没有任何意义的巨大黑洞"，这就是一种虚无主义。于是就考虑到应该倾尽全力为这毫无意义的洞穴赋予一定的意义，这就是美国人的行为模式。

　　在哲学史上，美国人做出的唯一贡献就是实用主义。特朗普完美地体现了自然主义，即虚无的自然观和基督教激进派两者的结合。

8. 自然主义破坏了人类的自由和偶然性

从与经济的关系方面来看，自然主义最大的问题点是什么？

为了让经济更有竞争力，就要设法削减人工费，就需要创制新机械的智慧。而要发明全新的机械，就需要科学上的发现。也就是在这个意义上，科学和技术结合到了一起。得益于科学方面取得的成果，新的机械得以问世，得以为经济所用。

制造机械的目的是为了维持经济生产的合理化，但实际上有一种价格无法体现的智慧形态受到忽视。价格无法体现的智慧就是我们的切身体验。

鉴赏艺术作品时，手举葡萄酒和家人朋友共度欢乐时光时，让我们意识到我们都处在现实世界里，这是一个不属于后真相的真实世界。但是，我们的这类体验是无法标价的，因为现实的体验是具有自由和偶然性的。

而经济却是一个要计算并进行预测的世界，是一个追逐合理性、用数字说话的世界，是一个必须保证企业生存和增长的世界。这样的世界只有遵从自然科学的智慧所构建的模式才能运转。

但是，如果所有一切都被卷入这个体系的话，试图通过人手来制造所有东西的行为终将彻底破坏人类的自由和偶然性。因为这样的做法无非是想人为地操控人类的偶然性体验和对美的感受。

比如电视连续剧就是一个典型，当然有时也会有优秀作品，但这些作品中都有阴暗之处。它们都是让观众当下感到满足的商品。看电视连续剧所获得的满足感和踏踏实实地下功夫阅读古典小说所获得满足感，是大相径庭的。后者虽然费更多时间，但却能享受到自由和偶然性。

自然主义之所以对社会是危险的，那是因为其自然主义式的世界观，在缩小这种自由和偶然性的余地。在自然主义式的世界观里，是完全没有自由的，要说有偶然性，也就只有量子论中的粒子程度吧。自然主义的思维方式是不懂得我们人类的。

我们在现实生活中的体验不属于自然主义的考察对象。要是作为考察对象的话，就必须对我们的体验，比如欣赏了画的感动、和友人共度欢乐时光的体验等，投射到脑电波中进行测量。但是，所谓的现实，只有一少部分是能测量的。而其中的大部分，特别是和人类生活相关的部分，都是无法测量的。

比如，我竖起 3 根手指，就表示"加布里埃尔用手指比出数字 3"；而如果是我 3 岁的女儿问我"数字 3 是多少"，当我这样用手指比出数字时，我女儿估计会说"哦，1、2、3，这就是 3 啊"。

而在自然主义看来，这就不再是"3"了，因为就会涉及细胞、粒子、能量之类的话题。但是，"3 根手指"对我而言它就是"3"。而且，可能还会成为我教 3 岁女儿年龄时的美好回忆。这种现象是没法用细分为构成要素的方法来加以分析的。

用自然科学式的方法来分析某种现象，就是要把其进行支离破碎地分解。从某种意义上来说，所谓的实验就是破坏。在大型强子对撞机中，物体时刻在遭到破坏。自然科学通过破坏考察对象来加以分析。

但是，现实是无法分解的，因为现实是建立在情景这样一个大框架之下的。

9. 哲学是通过改变思维来改变社会

在自然主义和经济紧密结合的现代社会，人类应该做些什么保护自己呢？您认为能从资本主义的内部来改变它吗？

从哲学观点来看，首先要充分理解词语的含义。就是那些自然主义思想下，为了掩盖客观真相而使用的概念，要扎扎实实把握住这些概念的真正含义，而这也是哲学的作用。

例如"民粹主义"这个词就是如此。相信每个人在使用这个词时，都能感觉到是某种危险的东西，可却没人理解其真正含义。这就是关键词，不是概念。概念和关键词不同，为了理解客观真相所做的尝试才是概念，而关键词则类似于武器。在争论时，重要的不是武器在手，而是为了创造和平所付出的努力。因此，首先要改变思维。

哲学改变思维，进而改变现实。人类应该学习从不同的角度把握现状。如果用人云亦云的方式认识现状，那就只会成为已充斥社会的那些意识形态的牺牲者。

为了弄清表层意识形态的真正意义，辩证法非常有效。关于某种预测，我们先试着从相反的角度来看它，因为这种预测中包含着我们没有意识到的另一面。我们"确信不疑的真相"里可能会有隐藏的一面。

让我们再次以特朗普为例，相信在做这方面的解释说明时，再没有比他更完美的素材了。

代表全球资本主义的人物在白宫。多亏了他，美国经济才能运转正常。可以说特朗普是一股全球性的热潮。

在掀起的这股热潮中，我们每天接触有关特朗普的信息，感觉自己十分了解特朗普其人。

但是，这类信息中很多都是让人怀疑其真实性的内容。特朗普明明在兢兢业业地做他的总统，可每天传入我们耳朵的新闻尽是些特朗普不作为之类的消息，造成很多人以为特朗普每天就是沉溺于高尔夫，吃着汉堡看着电视。但是，不是这样的，实际上根本不可能是这样的。

意味深长的是，为什么我们会把那样的信息信以为真？那是因为总统本身希望我们把那些信息信以为真。这就是一个骗局了，想让我们以为美国总统不务正业。

这样的思考方式就是辩证法的一个例子。事情的本质和表面是不同的。提供给我们的都是些表面现象。但是，换个角度来看，就可以明白白宫的意图。他们想要给我们灌输一个特定的特朗普形象，因此我们不能囫囵吞枣式地接受信息。

白宫为什么要散布这样一个特朗普形象，这也是个颇有深意的课题。

10. 马克思在书房里改变了世界

面对这样的状况，除了在哲学领域以一己之力来对抗以外，还有别的方法吗？

一切都始于一个理念。马克思有一句很有名的话"全世界无产者，联合起来"，但实际上马克思所做的事主要是写书。他自身并没有亲自上阵，而是一直在伦敦写作，经常穷困潦倒，接受着恩格斯的援助。

而马克思的意识形态促成了中华人民共和国的诞生。也有人说正是因为马克思的意识形态力量强大，共产主义才取得了胜利。

马克思曾说过，"哲学家们只顾解释世界，关键是要改变世界"，而他自己正是通过解释世界而改变了世界。他为我们提供了一种方法，这种方法具有强大的威力。

今天各种各样的政治思想，都始于一些与众不同的理念。民主主义乃至政治本身都源于一个理念（idea）。特别是在当今的信息化时代，理念是有巨大威力的。

作为哲学家，我认为搞清客观真相从何而来是至关重要的，同时也对此充满期待。如果能搞清这一点，就会产生自我认同，走向希望。我以为这正是哲学在全球化社会中起到的作用。

意大利哲学家毛里齐奥·费拉里斯说"社交媒体是共产主义的终极胜利"。为什么这么说？那是因为所有人都倚靠民众的劳动。我在这里所说的民众的劳动是指拥护和点赞。而且政治家们也非常重视社交媒体上的反应。可以说社交媒体是劳动者（无产阶级）的数字化专政。以上是毛里齐奥的见解，我虽然反对其观点，但我也认为这是一个意味深长的学说，是以前从未有过的全新见解。

11. 新存在论

我把自己的哲学叫作"新存在论"，其中倾注了我强烈的意愿，即想做一个对哲学进行彻底改革的尝试。当然哲学还是哲学，但这个哲学是建立在别人此前从未想到的推定、假定基础之上的哲学，由此，就会产生全新的思维方式。这种思维方式的目的是从新自由主义主导的资本主义的疾病中解脱出来。

今天，我们人类的生活环境面临着遭到彻底破坏的危险。这种危险状态从 100 多年开始持续至今。现在的消费文化今后不可能再持续下去了。如果 100 亿人都要求有咖啡、吸管、汽车、手机等这些日常生活必需品，那地球就毁灭了。谁都知道现代化的这种社会模式是不可能持续的。

还有一个就是我们不能忘记两次世界大战。这两次世界大战其实都是原料大战——这是德国人喜欢用的表达方式。战争中进行了很多自然科学实验，如德国的集中营里做了很多人体实验，美国投掷了原子弹……总之因为战争，自然科学取得了很大的进步。

今天，网络已被广泛用于军事活动。本来是作为传递信息的手段被开发并广泛普及开来的，现在却成为观察和预测的武器。现代自然科学领域里包含着很大的军事因素。

总之，自然主义和自然科学不仅揭开了宇宙构造之谜，也曾被用于经济和权力争斗。自然科学家们没有意识到这一点，因为他们不是人文学者和社会学家。

另外，今天已无人倾听人文学者和社会学家所言，都认为他们起不到什么作用。这正是后真相时代的特征。因禁止人文学者多嘴，就更促成了自然科学和经济的完美结合。

但是，经历了核战争威胁的时代后，今天又出现了AI这种新的威胁，于是开始再次寻求哲学家的见解。政治家也来征询意见。这背后是对AI摧毁一切的担心，怎样才能让AI成为不会毁掉一切的武器，希望从哲学家那儿找到答案。

只是，政治家的目的是维持现状。所以在德国，要求哲学作答的仅限于有关伦理的问题，或者阐明AI的伦理框架。其实在弄清伦理问题之前，我们必须了解AI是什么，而这一点却被忽视了。

　　哲学是比伦理更基础的学问。当然，伦理也是哲学的重要组成部分。但在哲学中，至关重要的是建立理论依据。但没人期望做这个事情。当今世界最有权威的自然主义主张，真正的智慧就是自然科学的智慧，所以无人理解还有"哲学的智慧"。

　　但是，世上还有哲学这门学问，也有"哲学的智慧"，我的目标之一就是再次让人们意识到这一点。

12. "我们是有自由的"

想问一下您有关自由的问题。您认为自由中包含着怎样的哲学意义？

"自由"在我的"新存在论"里也是一个核心概念。在新存在论里，自由意味着"自我决定"。我们人类都是在何以为人，这样一种意象中行动的。而且因这种意象而萌发出自我意识。所谓的价值观也是在对自我和他人的意象中形成的。总之，可以说人类存在于意象中。而自由就是创造这种意象、并据此意象采取行动的能力。这就是自我决定。

但是，现代的我们认为自由是和某种特定的行动结合在一起的，也就是行动的自由。比如认为自由是能随时乘坐飞机、或为此拥有足够的资金。

然而，我们忽略了这样的移动工具实际上是破坏自由的东西。比如，飞机造成环境破坏，因此我们使用飞机就是在戕害人类自身的生命，或者说是破坏自由。因为如果破坏了环境，人类就无法生存，当然也就无法再享受自由。

我们必须找到能享受自由的方法。而且也必须摸索出一条让后世的未来有保障的路。

我们拥有自由，但也有人失去了自由被投放监狱。他们之所以痛苦，不是因为"没有"自由，而是因为"被限制了"或"被剥夺了"自由。在监狱里生活就会得到罪犯的待遇，就是一名罪犯。

自由时刻是在我们手中的。但是，今天的我们却一直认为"没有自由"。在新存在论里，我认为"我们是有自由的"，从这个意义上来说，我这个思想也可以叫作"新存在主义"。就如萨特所说的"人类被处以自由之刑"。总之，人类从根本上是自由的。

然而，我们一直认为没有自由，那是因为我们感到自己在任何情形下都受到蒙骗之故。但实际上，我们在蒙蔽我们自身。

后 记

什么是 GAFA 时代的 "市场" 与 "自由"？

在探索 "欲望" 的接力考察结束之时

在看完拥有各自丰富背景的五人对当下的经济现象、资本主义的各种真知灼见后，大家感觉如何？

在电视节目中，我们通过采撷更多代表现代经济前沿、日夜为资本主义未来费尽心血的大师们的言论，进一步解读经济学巨匠们的教诲对现代所产生的影响，进而形成了厚重而丰富的题材内容。我们相信，如果您能结合节目，阅读这本基于电视节目内容、精选五人观点而成的佳作的话，一定会有更深的理解。

本书首先由加洛韦拉开了序幕。他不仅对 GAFA 席卷世界的现状进行了分析和批判，还提出了问题。接着这个话题，新锐霍斯金森又提出了带有革命性主张的问题解决方案，他认为只有虚拟货币才是有效解决方法。但是，接下来，经济学家梯若尔掷出了该问题"没有实现可能性"的理论见解，与霍斯金森针锋相对。他强调，市场的失败仍然需要依靠政府的修正才能解决。最后两位，则从文明论框架展开了考察。赫拉利首先指出，无论如何，任由现状发展下去的话，实现监管资本主义化将无法避免。他甚至还说，资本主义从某种意义上就是一个宗教。而加布里埃尔则提到民主主义，甚至提到了资本主义的致命性的危机——现在的失控，搞不好会对社会带来毁灭性打击。就这样，汇集了五人的真知灼见，不同观点的言论接力，仿佛带领我们走进了对资本主义探求的迷宫之旅，而我们又愈发不由地感慨其深邃莫测。

在这里，我想作为本系列节目及书刊的策划者，与各位读者分享从本次原版内容中发现的几个较深层次的问题。

如何理解不能容忍实现"欲望"障碍的"一代"？

首先，大家请看下面的文章。

当前一代对自己的欲求因经济原因而无法实现备

感失望。他们既对眼下的欲望受到限制无法忍受，也不能接受时而面对经济方面需要不得不做出的屈服。就物质的富裕程度和欲望而言，当前一代与上一代并没有什么大的不同。但与上一代明显不一样的一点是，他们绝不可能允许有什么东西妨碍自己欲望的实现，抑或是与他们的目的相冲突。

问题是，"当前一代"到底是哪一代？是宽松的一代、觉悟的一代，抑或实际上是指婴儿潮一代？这种简单的"寻找真相"的可爱之处我们姑且不去理会，但只要粗读一下这句话，许多人都会认为，这是针对互联网覆盖世界的社交网络服务时代，简直就是对活在当下的所有人之批判。

然而，哈耶克写下的那本《通往奴役之路》是在距今70 多年以前的第二次世界大战期间。那本书以激发战争期间美国民众对于现状的日趋不满，为向社会主义或者向法西斯主义倾斜的状况敲响了警钟而广为人知。

说起哈耶克，将他定为奠定了新自由主义理论基础而荣获诺贝尔奖的大经济学家，算是对他最正规的介绍了。20 世纪 80 年代，与美国总统罗纳德·里根（Ronald Reagan）一起推动新自由主义路线的英国首相玛格丽特·撒切尔（Margaret Thatcher）夫人，据说一直把哈耶克的书像《圣经》一样放在自己的包里。

绝对不容忍那些妨碍自己欲望实现的东西，以及与其他目的的冲突，这样的一代人，在由于战后实现的物质富裕以及后来 IT 技术的加速发展而得以变化的社会环境中，正在大量涌现……在这里，什么是自由？就算为了不失去这一自由也必须存在的市场到底是什么？还有，市场上的个人主义行为究竟意味着什么？等等，这些根本性的问题再次浮现在我们的思绪当中。

自律与秩序的困境：围绕"市场"的命题

那么，哈耶克留给我们的问题——市场、自由和真正的个人主义到底是什么？如果我们通过深思熟虑，把存在于现代社会的动荡，再稍微将其图式进行抽象处理，那么就一定会与围绕自律与秩序的冲突重叠吧。

然后，接下来，当我们对市场的自由刨根问底之时，"如果假定所有人基于个人自律而生活的话，怎样才能使经济以及社会的秩序得以保障呢？"如果为了让它更富有感觉而进行具体考察的话，比如我们似乎也可以把它换做以下的问题。眼下，由公司这一组织单位所维系的社会，以及市场的存在方式，甚至连这些组织本身的存在，其轮廓都变得朦朦胧胧的社会当中，我们又会拥有什么样的自律型的秩序呢？

即便如此，这也着实是一个棘手的话题。说到底，什么是自律性呢？我认为这就是"曲则全"之意。辞典是这样解释的——

自律 [Autonomie]

（1）不受来自其他的支配与帮助，能够把自己的行为按照自己所定立的规律进行正确管制的行为。例：学问的自律性。

（2）德国康德伦理学的核心概念。不依照自己的欲望以及他人的命令、由自身意志树立客观的道德法则并遵守的行为。反义词：他律。

首先我暂时不打算做"哲学"讨论，如果根据（1）的定义开始思考，并将其放入像"如果明天办公室消失了，那么个人、组织，还有社会将会怎样？"这一问题设定，并认真地进行思考的话，会成为不受办公室这一存在的支配与帮助，当所有人都能够按照自己订立的规律正确管理自己工作的时候，经济和社会的秩序能够得到保证吗？

我并不是想要玩文字游戏，但对如此这般被推导出来的命题，要拿"办公室"这一物理意义上的存在来开刀，百般复杂的想法萦回在心头。

这就是办公室的力学。人们到底为了什么而创建了公司这种场所，他们对此又有什么企求呢？

人们为什么不像鲁滨逊·克鲁索那样一个人自给自足，而选择了社会分工呢？当然，你可以把一切都归结到亚当·斯密的"看不见的手"理论上去。但这里，我们最好还是听听比亚当·斯密晚一个多世纪才出现的法国社会学创始人之一的思想。

社会"分工"到底是什么？——杜尔凯姆的"团结"

分工最应引人注目的效果并不是提高被分割了的各种职能的效率，而在于使这些职能互相连接。分工的作用，在以上所有的情况中，并不只是对现有的社会进行美化或改良，而是让原本各种职能之间毫无连带关系，就不能存在的社会变成了可能。

以上是法国的杜尔凯姆1893年记录下的关于社会的考察结果，他与德国的马克斯·韦伯一起被并称为社会学的巨人。关于各种职能的连带，他的《社会分工论》中有更富有人类气息的记述。

我们并不仅仅因为在他人身上发现了与自己不同

的性质而感到喜悦。浪费家不想和守财奴结伴，公平正直光明磊落的人也不会与伪君子或阴险之徒为伍。冷酷而不怀好意的气质不为亲切和蔼的心灵所好。因此，这些彼此相互吸引的差异仅限于某些类型，即相辅相成的差异，而不是互相对立与互相排斥。……喜欢推理且具有精致精神的理论家对拥有直接的感觉与敏锐直觉的实干家，胆小者对果敢之人，弱者对强者，还有与这些相反的，互相抱有特殊的共鸣的事例非常之多。无论我们被赋予了怎样的天资，也常常会欠缺些什么，哪怕是我们身上最优秀的东西，我们自己也会感到不足。

他接着讲："每个人都有适合自己个性的角色，可以进行真正的服务交换"，并强调这才是分工。估计您会认为，这是 120 年前那种富有田园诗意的考察吧。然而，这本书自身，已反复表明了对于在两个世纪里实现的经济发展所引起的，经济界的弱肉强食景象以及"无政府状态"的担忧，并被如何夺回"有机的连带职能"这一问题意识所支撑着。

这样，当我以杜尔凯姆的话为参考开始进行考察时，发现我们至今仍在面对延续三个世纪不断反复而遗留的问题至今无法解决，有种复杂的感慨。与此同时，通过仔细阅读，如果能从其中发现作为产生新意义的文字可能性的话，那或许就是这样一种观点，即在考察人类本性、性向以及资质之后，在"基于经济原理的分工"这层面纱下面，应该存在着人经常被他人所吸引的淳朴心性，即"基于有机连接的分工"。

现代也有人认为，通过基因分析，人类所拥有的资质等都是赤裸裸的。但是，这也只不过是分析的一个框架而已。因为如果不给科学的观点加上引号，现在，在语言的真正定义中，人们是不能忘记许许多多的人选择的那些形形色色的工作的。人们在其中经历各种各样的人生，感受着不一样的喜怒哀乐。而且更进一步地讲，这其中应该也会有对"多种有机协同"的想法。

"经济学之父"的人性观：亚当·斯密看穿了的"愚蠢"

接下来，让我们从历史的长河中再介绍一个人，介绍他对社会活动中的"分工"以及由此产生的人与人的关系的本质进行的考察。

终于返回原点，该经济学鼻祖亚当·斯密登场了。由他讲述的一般被称之为"分工"的"劳动划分"。还有被认为是肯定了基于经济理性、忠实于自己的利己之心与私利私欲的行为的那个接近故事化的观点——人们在被解放了的欲望驱使下，分别以各自的利益最大化为目标，通过在市场展开竞争，最终能使国家整体的财富最大化同时实现最佳配置。这些举动，后来被称之为"理性经济人"的行为。

然而，事实上关于这一点存在着一个有趣的"反对意见"。那就是在《欲望资本主义》节目中成为一条主线，同时也在本篇文章开头我们也引用过的哈耶克对亚当·斯密关于人的概念所做出的解释。我们先来看看被称为"新自由主义理论基础"与"市场经济最大推动者"的哈耶克的叙述吧。

关于亚当·斯密及其弟子的个人主义，现在普遍流传着一种误解。能最好地说明这一情况的例子，恐怕会是这样的。即亚当·斯密及其弟子们发明了"经济人"这一妖怪，并且他们的结论——通过严密的理性行为这一他们自身的假设或者普遍错误的理性主义心理学——损害了这一发明的价值。当然，斯密等人对这样的事情是压根儿也没想到的。在他们看来，人本来就是懒惰、轻率的浪费者，能够使人做到目的与手段相一致，经济或谨慎行事的，只有环境的力量才可能更接近于真实。然而，对他们所拥有的对于人性的非常复杂而现实的观念而言，连这样的描述也可能是不公正的。

…………

几乎丝毫不用怀疑的是，斯密主要关心的并不在人类处于最佳状态时偶尔可能实现的事情，而是当人类处于最差状态时尽量减少产生危害的机会这一事实。坏人在那个体制下充其量只会带来最小的危害，说这就是斯密以及他同时代的人们所拥护的个人主义的主要优点，恐怕也不为过吧。那既不是因我们是否找到运作这一体制的好人而使它的职能受影响那样的体制，也不是当所有的人都比现在还好的时候它才发挥作用那样的社会体制。绝对不是！它是让所有的人都能不加修饰地保持着多样化和复杂化，时而是好人、时而又是坏人，时而聪明、时而却屡屡表现愚笨的，天然得到活用的社会体制。斯密他们所追求的，正如同一时代法国的人们所向往的那样，不是只把自由限定在"好人与圣人"身上，而是能够认可所有人的自由的那样一种社会体制。

怎么样？看明白了吗？

那位"新自由主义大师"原来描绘的市场愿景，还有在那里活动的人们的姿态，如哈耶克自己所否定的那样既与"理性经济人"等相去甚远，而且原本亚当·斯密也不曾考察过那样的"妖怪"！那么，究竟是在什么地方，我们怎样带着扭曲的偏见一直到了今天？从市场的逻辑转变为"数字故事"的那一刻起，"数字的上升"开始了自身目的化（变成了以追求自身为目的），而"欲望滋生欲望"正是资本主义无限循环的本质……这是在《欲望资本主义》系列节目里世界级精英思想大碰撞过程中，一直在底部奏响的主旋律，但一定会被问到处于其根本的、对市场这一"场所"的想象力。当然，还有对为了追求在市场上的最佳效率而形成的公司（企业）这一组织根源的想象力。

当今社会的"栖身之地"在哪儿？ ——后工业社会的忧虑

这样，在解读杜尔凯姆、亚当·斯密、哈耶克这些跨越社会学、经济学的大师们真知灼见的过程中，我们可以看到人类这一存在的多样性、多面性、多变性的形容、拒绝语言化的复杂离奇性格等、常常从严格的数字解析中泄漏出本质。同时，我们从中或许还可以看到，公司这一组织并没有建立在我们现在称之为"经济合理性"这样的基础之上。

那可能是他们在广泛社会当中寻找到的栖身之地，或者是对广泛意义上的个性的渴求，还可能是只要是人就总会向谁寻求理解和共鸣的感觉吧。我认为，那是一种不敢用"共鸣""联系"等词语来表现的精神上的归属。

虽然这只是一个模糊概念，但如果是包含此种程度上的意思出入的话，我想，前面列举的三位大师们都会予以认可的吧？

杜尔凯姆在 120 年前就已经表明了他担忧的对象，不只是工业社会的状态，还有工业社会所产生的阴影、印象。他对在机械化推进、工业化发展过程中，大规模生产线的"印象"会根植于甚至对人们的思考方式提出了警告。原本是为了克服这一点，而强调了固有的道德层面的有机连接的重要性，而生活在今天的我们，面临的是持续加速变化的社会状况。

IT 构建的互联网这一基础设施，还有人工智能和基因解析都在进步的技术——这是本次命题产生的根本——将改变社会面貌的状况……在科技进步的节奏中，我们也必须把不断发展的"印象"扩散时刻置于自己的视野。

本书中也出现的、倡导"新现实主义"的哲学界旗手加布里埃尔，试图将这样的思考作为"自然主义"而加以拒绝。也就是说，认为只有科学的观点才是真理这样的思考才是最危险的，并且，顺着这样的思考、"自然主义"

而产生的人类观向社会的蔓延也非常令人堪忧。

"工作"的虚构：时代呈现的梦想

产业、技术……对于产生这些"功能"性"印象"的东西，我们才应该提防！我们必须认识到自己处于这样一种"生产"之中——比如眼下我自己试图在某种方式上，通过不停地敲击键盘，在这个显示器里制造出一个论证的过程。比如，突然会想起杰克和德里达——当然这有点夸张，可能会被耻笑，也可能会联想到后现代主义思想有多么优秀。

一听到后现代主义这个词，可能会有人条件反射地认为那只不过是个单纯的相对主义、一个无法确定所有价值孰优孰劣的虚无主义。进而产生讨厌忌讳的想法，但我们应该从墨守成规的观念中走出而不要让思考停下来。因为一旦接受了"摩登＝现代"的逻辑之后，我们将不会停止思考，而是根据实际情况来对其成就与弊端进行不断思考。

把作为假设而定义的"现代"，之后不停地加以批判，实际上如果能在这样兼具深度和广度的思考范围里接受"后现代主义"并继续进行思考的话，我们对因泡沫经济崩溃而一下子丧失自信，进而全面否定日本式经营，导入名为全球化标准的美式资本主义这样的过度适应，多少会有过一些抗拒吧。

接着，从技术所主导的"成果"中将会洒落"浪费""杂质""噪音"等。事实上，或许正是这种"噪音"，有时候会唤起一些人的想象，从而让某种"共有"成为可能。

"理性"不集于一人之身——哈耶克的"自律"

当我漫无目的的思考尝试之"随笔"让思绪飞驰之时，前面讲述过的"自律"的另一种定义——"不依赖于自己的欲望或他人的命令，靠自身的意志树立客观的道德法则并遵守之"便进入了我们的视野。如果要模仿康德的思考方式的话，自律便可解释为道德法则。"自立"则是没有他人帮助与支配前提下一个人成就事情。而与此不同，"自律"可以这样解释，即按照自己制定的规则去管理自己的行为。

如果让我做一些粗暴的总结的话，历史上智者们对"自律"的"斗争"，不就是内在伦理性与人们心目中行为准则的获得吗？

就算公司这一物理性的存在解体了，工作这一定义不复存在，但如果人类这一存在能够拥有迄今为止的思考过程中得以深化的“连接”定义，权且把我正待着的咖啡店当作“公司”、把其他客人若无其事的语言交流作为“商谈”的话，社会依然还会发挥作用吧。在这里，进行的既是符合新规则的“公司”“商谈”的版本升级，同时也可以说是时代的梦想扎根的形式。

自由，市场，理性……如同各种概念的谬误现在依然产生着巨大无比的混乱一样，我们有必要做一次被历史的跨度所支撑的“文明论意义上的解读”。它也许会成为如你时而会感觉“中世纪”比“近代”离自己更近那样的，与阅读时代的远近透视法产生倒错相似的经验。

顺便说一下，哈耶克为了超越这些各种概念的谬误，留下了如下文字。

人类拥有的所谓理性，并非合理主义研究方法所设想的那样，即被赋予某一特定的个人或者以可以利用的单一形式存在。理性必须是某人的贡献受到其他人评价和改进的人类相互作用的过程。这一讨论不是假定所有人的天赋资质和能力是相等的，而是假设任何人都没有资格对他人所拥有的能力或者他人所允许行使的能力做出最终判断。

当"连接"被赋予新的含义时——AI 教给我们的 "理性"的局限

现在，围绕"自律与秩序"的考证也基本上接近尾声了。那么，我们再来思考一下"秩序"这一要成为目标的命题。

据《大英百科全书》(国际版) 记载，"秩序这一概念本身也是无限多样的，可以理解为自然、社会、道德、审美、法律或政治方面的秩序。理性存在者作为让秩序成立的原因或根据所思考，秩序作为其理性的体现，被认为是在各个领域人类所应该发现、实现的理念"。

我们已看到了自律、秩序、理性……

如果说"理性"如同哈耶克先前定义的那样的话，那么将这个围绕自律与秩序的考察本身展开、并与更多的人共有这一事情本身，正可谓全新的"经济""社会"以及"秩序"的更新。到那时，我们如同沿着螺旋状的楼梯往上攀升一圈那样，在同一个位置上，会有看到不同景观的可能性。

当公司这一职能性装置的外壁消失时我们必须面对的"连接"。我相信，由"内省想象力"所产生的"连接"并不是产业社会利益共同体的那种，而是会成为能够容许他人性的"连接"。当然，这是"原本就懒惰、轻率而浪费"的人所思考的事情。同时，我也祈愿，愿其不要成为那种头脑顽固、自以为是的"理性"活跃的东西。

现在，让我们听一下完全不同领域的智者关于"理性"的理解。以下是哲学家丹尼尔·丹内特（Daniel Dennett）的话，他远在现在人工智能的大流行到来之前，就对技术与人类的关系开始了深入思考与研究。

> 在心脏移植手术中，每个人都希望成为接受者，而非提供者。但是在进行脑移植手术的时候，相反地都希望成为捐助者。因为人们相信自己不是与身体，而是与心同在。正如许多哲学家所说的那样，如果只保留信息而换掉介质（媒介）的话，把大脑换成别的东西在理论上也应该是可能的。如果认为信息能够完美保存的话，也许通过隐形传动进行移动也是可能的。虽然理论上应该就是那样，但我们只有在能够传送整个身体——而不只是神经系统——的信息的时候才可以那么说。即便我试图把自己从身体里拉出来，也无法像哲学家想象的那样把自己分离得干干净净。身体中包含了自己的很大一部分。就像神经系统包含了比如意义、天赋、记忆力和气质等构成现在的自己的很多东西一样，身

体也是塞满了好多东西。

——引自丹尼尔·C.丹内特著《心灵在哪里》

塞满身体的意义、才能、记忆和气质，仅靠大脑的信息处理，是很难成为意识的。或者至少，通过意识做出思考的人的"理性"是有限的。丹内特的这篇文章已问世20多年，现在是人工智能研究迅速发展的时代，发育进化论与脑科学的研究成果也被引用，使AI更有"科学"支撑和更具说服力。通过把人类认知与思想的过程浮出水面，身体的重要性才会浮现在那里。如果用我们熟悉的、日常的词汇来讲述的话，它就是可以拿"直觉""本能""动物本性"等词汇来套用的"感觉"。这不由得让人产生一种遐想，"感觉"其实就是生物体在历史长河中从古至今延绵不断被继承下来的身体的历史性记忆。

现代社会也被称为"头脑社会"。使用大数据进行的各种信息处理，这些以证据为名的数字，仿佛它们是所有的真相一样挥着大手席卷社会，同时还有一些地方，对于做得过头了的"科学偏重"，出现了宛如"人文科学知识大反击"一样的局面。无论如何，如果我们不得不再一次步入这种二元论的话，我感觉像被放回到几十年前的梦境中一般眩晕。

虽然陷入"理科与文科"或"科技与人文"的陷阱是

不可能的，但至少在这里，重要的是要正视"脑化社会"发展的现实，正视这一现实所产生的，思想决定了体系、并且搞不好会进一步剥夺人们自由想象力和创造力的社会状况。

曾经为法国理性主义铺平道路的勒内·笛卡儿曾留下过这样的名言："我思故我在。"笛卡儿的这番话照亮了人类的理性，超越了他本人的思想而独行，并且曾几何时被普及成了"心身二元论"，换句话说，似乎把大脑才是身体的主宰这样的印象，超越时空传遍了整个世界。

丹内特对大脑与身体这种二元论式的观点提出了异议。

这个想法认为，大脑是众多脏器之一，到了最近才掌握了控制权。换句话说，不把大脑当主人，而是把它作为一个脾气不好的仆人，只要不认为大脑为身体——它保护大脑、赋予其活力，并给予活动以意义——而起作用，就无法正确理解大脑所起的作用。

毫无疑问，如何与技术共生，如何控制工业革命以来作为资本主义增长的原动力、同时抢走就业岗位、改变了社会结构的技术，这是过去 250 多年来的一大挑战。然而，似乎有一个陷阱等在那里，那就是，对这个问题预估过高，并试图以过高的热情去解决这个问题，最终只关注大脑的信息处理，导致一个宛如"挖取木乃伊者变成木乃伊"的

悲剧发生。遗憾的是，似乎有史以来的历史将要证明幻觉
所造成的不幸，是从我们认为自己已经看到一切、聪明地
认为获得了全景式视角的时候开始的。这也许就是人性。

话说回来，应该如何讨好这个说得妙、表现卓越的
"脾气不好的仆人——大脑"，已成了生活在当代资本主义
的我们每天都要面对的挑战。

什么是真正的"个人主义"——当重新定义"自由"时

什么是个人主义？最后，让我们再来看看哈耶克的话。

真正的个人主义的基本态度，是对于人类实现了
不是由任何个人所设计或所理解，但超越每个人知性
的真正伟大的事业的所有过程的谦逊的态度。

在这里，所谓谦逊，也可以将其理解成自身对所预
期的"理性"的局限性的想象。他强调，无论多么优秀的
人，能够在"理性"名义下思考的充其量只是具有"局部
正确性"，而无法构想能把所有世界缝合起来那样的"整
体正确性"。

局部最优的总和并不等于整体最优。这让我想起了苏
格拉底的"无知之知"，并且如果你允许这样的想象力飞
跃的话，它可能也会与加布里埃尔的"世界并不存在"这

样的新现实主义思想形成一种奇怪的和谐。

哈耶克在这本书中继续写道——

眼下最大的问题是，是应该允许人类的智慧作为这个过程的一部分继续成长，还是让人类理性被锁在其自身所制造的枷锁中？

个人主义告诉我们，当且仅当社会是自由的时候，社会才比个人伟大。

哈耶克写下这些文字的时候，"人类理性自己制造的枷锁"曾是"极权主义"的代名词。当然，关于这一点，我们应当在时代的历史背景下予以正确的理解并让其停留在记忆中。

但不能否认的是，当我们现在平铺直叙地阅读这段文字的时候，会情不自禁地联想到一个被各种科学技术系统化了的社会，一个过于依赖大脑信息处理的"脑化社会"的画面。加洛韦自不必说，加布里埃尔所批评的"自然主义"和"像赌场一样的 GAFA"，还有赫拉利所说的"监视资本主义"，恐怕都是可以联想到的画面吧。

最后，我想再次感谢每一位参与这个节目的人。一向热衷于获取新知识的新锐经济学家、大阪大学的安田洋介副教授，从第一集开始就出现在节目里的赛德拉切克，去年夏天在《欲望时代的哲学》和《欲望哲学史》合作过的加布里埃尔，还有本次参与演出的每一位老师。另外，还有来回穿梭于东西半球之间带出了很多话语的大西隼导演和三好雅信导演，高桥才也制片人，冈崎光曜、真治史、香本良太等几位副导演，更有从第一集开始就凭他超人的音乐感觉作为音效参与到节目中的佐藤新之介，多亏他的付出，我们才能消化抽象度如此之高的题材，使影像与音乐相辅相成得以完美体现。另外，承担表现传达节目世界观重要角色的药师丸悦子的讲解也是功不可没的。

另外，这次还想向国际大学全球交流中心（GLOCOM）的小林奈穗主任研究员表示深深的感谢。小林主任委托我写的论文题目，凑巧是本书课题的延伸，我是在受到启发而执笔的。这篇稿子中与其重合的地方也有许多。

这次也受到了矢作知子编辑自始至终细致周到的关怀和照顾。我想向各位由衷地表示谢意。

围绕资本主义的知识冒险，在不知不觉中，涉及民主主义、历史、哲学，当然，在这种思考的延长线上，有着更广泛意义上的以思想、社会学、社会哲学等领域为射程的扩展。"经济学"中出现一个好答案，是一件很了不起的事情。人工智能、基因组等，今后，将是一个通过技术进步，反论式地去挖掘人类本质的时代。我们终将超越经济学、哲学、社会学这些门类之别，去探求文明论的问题。

在本书对加布里埃尔的采访中，当导演问到他关于自由的看法时，他留下了这样的话：

> 我们人类在何谓人类这一"印象"中行动，并且通过这种印象产生自我意识。所谓的"价值观"，也是在对于自己以及他人的印象中形成的。也就是说，人类存在于印象之中。而所谓"自由"，是指创造这种印象并以此为基础开展行动的能力。那就是自我决定。

我们将"在印象之中行动"并拥有"自我意识"，同时以拥有"创造印象，并基于此展开行动的能力"而获得"自由"。

事实上，这才是与我们在序言中也提过的"欲望"的悖论所对应的东西。为了从"欲望"上升到"自由"，在时刻不忘真实地认识一切都是"印象"的同时，通过创造"印象"而拥有梦想……我们必须接受这样的矛盾。

"无法停下来，停不下来""欲望滋生欲望的资本主义"。

为了找到本质，也许在真正意义上已经到了想象力决战之时。我们接受在"印象"的世界有可能被撕裂的事实。

NHK 株式会社制作本部节目开发、总制作人
丸山俊一

哈耶克与其名著
《通往奴役之路》